AF561225

METATRÓN

EL CAMINO A LA SABIDURÍA CÓSMICA

ARANTZA IBARRA BASÁÑEZ

KOLIMA
BOOKS

Título original: *Metatrón. El camino a la sabiduría cósmica*

Primera edición: Mayo 2022
© 2022 Editorial Kolima, Madrid
www.editorialkolima.com

Autora: Arantza Ibarra Basáñez
Dirección editorial: Marta Prieto Asirón
Maquetación de cubierta: Beatriz Fernández Pecci
Maquetación: Mercedes Galán

ISBN: 978-84-18811-85-2

No se permite la reproducción total o parcial de esta obra, ni su incorporación a un sistema informático, ni su transmisión en cualquier forma o por cualquier medio, sea este electrónico, mecánico, por fotocopia, por grabación u otros métodos, el alquiler o cualquier otra forma de cesión de la obra sin la autorización previa y por escrito de los titulares de propiedad intelectual.

Cualquier forma de reproducción, distribución, comunicación pública o transformación de esta obra solo puede ser realizada con la autorización de sus titulares, salvo excepción prevista por la ley. Diríjase a CEDRO (Centro Español de Derechos Reprográficos) si necesita fotocopiar o escanear algún fragmento de esta obra (www.conlicencia.com; 91 702 19 70 / 93 272 04 45).

ÍNDICE

1. MI COSMOS

Tú sabes cómo es mi cosmos. Todos estamos conectados a él. Yo también sé cómo es el tuyo. Te siento y te veo. ¿Has olvidado cómo sentirlo? No creo que eso sea posible; quizá aún no sepas traducirlo o transportarlo a tu frecuencia, pero siempre hay tiempo para recordar cómo hacerlo.

Nuestro ser cosecha muchísimas experiencias de la infinidad de posibilidades del Universo. Todas ellas entretejidas las unas con las otras... retroalimentándose y moviéndose al son de la gran Conciencia.

¿Quién es esa Conciencia divina? ¿Realmente existe solo una? ¿Todos formamos parte de ella? Diosa, Dios, Conciencia cósmica, Universo, el Todo... Hay tantos nombres que se pueden utilizar para referirse a ella que da igual qué terminología se use. Lo que realmente transciende es el amor y la conexión, la paz y la armonía que uno siente al fusionarse con ella.

Los últimos años me han hecho ampliar mi visión. Ya no solo siento que todos y toda la creación del Universo somos uno. Ahora siento a la Madre o Padre que nos ha dado la vida eterna. Esa Madre cósmica que ha dado su chispa a cada uno de los seres que habitan el Cosmos. Una llama divina que impulsa a la transmutación constante para que reine la armonía.

La magia existe... es algo obvio para nuestra alma, pero el punto de vista se opaca cuando nuestra mente es la que razona.

Me centraré en esa pequeña parte desconocida y a la vez inmensa, eterna y extraordinaria que es nuestra energía. Ella me hace ser más consciente de la fuerza que nos engloba y une. Su vibración te sacude y te hace no estancarte en el proceso evolutivo. Una vez que trabajas con ella y le prestas atención, el Universo empieza a mostrarte un sendero de puertas y planos dimensionales.

Los que me conocen saben de mi conexión con otras dimensiones y los seres de luz. Tengo que admitirlo... me llama y me motiva encontrarme con mi luz. Algunas veces es muy pequeñita y otras en cambio deslumbra solo con mirarla. Me fascina saber y conseguir verla, sentirla, mimarla, disfrutarla. En ocasiones, el cuerpo, denso y pesado, oculta su luz y solo te muestra la materia negra que habita en él. Sí, mi cosmos está lleno de esa energía oscura. Forma parte de él y sin ella no existiría.

Cuando me comentan la suerte que tengo de poder conectar con frecuencias altas y luminosas parece que solo me comunico con el amor o la luz, pero no es así. Ha habido muchas sombras en este camino... y todavía las sigue habiendo. Las emociones siguen apareciendo; algunas hasta se hacen extrañamente conocidas... Otras en cambio, estoy contenta de no reconocerlas ya.

La experiencia y la evolución ponen mucha distancia. Llámale tiempo o lo que te haga sentir más cómodo... Al fin y al cabo todos estamos unidos en la misma causalidad; da igual el nombre que le pongamos. Simplemente escucha y siente lo que te remueve. Quizá solo sea una sencilla emoción o, si te atreves a explorar, incluso un recuerdo de una vida pasada.

Intuyo, luego conecto. Creo, luego proyecto. Atrás quedó nuestro aprendizaje desde la mente. Ya es hora de seguir avanzando. No hay que ir muy lejos; solo hay que entrar dentro de uno mismo. Nos queda mucho camino por recorrer, por indagar, por perdonar y por aceptar.

Lo que hay que hacer con las sombras es no darles la espalda y hacer las paces con ellas... Son parte de tu cosmos, de tu Yo y del Todo... Si no atraviesas ese pozo, raramente podrás enfrentarte a ellas para reconocerlas y transformarlas.

Gracias a los cambios que se avecinaron en el año 2012, el arcángel Metatrón se hizo más perceptible para muchos de nosotros. Mi conexión con él fue creciendo en toda esa transición en la que nuestro planeta se iba adaptando a la nueva era de Acuario. Una gran transformación para toda la humanidad, para toda la Tierra, que hemos vivido todos a raíz de la gran entrada de Gaia en el año 2020, la nueva era astral.

Hoy en día Metatrón sigue siendo mi gran faro, al que escucho y siento con todo mi ser. Un guía para atravesar esas oscuridades y buscar la luz... A él sigo y gracias a él intento no distraerme por el camino. A través de él he aprendido a confiar en el proceso, a acercarme a las dimensiones más elevadas y así conectar directamente con la gran Conciencia cósmica o Dios.

2. LA PUERTA

Qué importante es prestar atención a las pequeñas señales. La mayoría de las veces pasan delante de nuestras narices sin que seamos conscientes de ello.

Ahora, intentando rebobinar todo lo que sucedió hace unos cinco años, me doy cuenta de que todo comenzó el día en el que puse un pie por primera vez en aquel pueblo.

Jesús, uno de mis mejores amigos, me animó a ir a una casa rural con mi pareja. Según él merecía la pena, así que no dudé ni un segundo en reservar un fin de semana porque él conocía mis gustos a la perfección.

Llegó el día. Tanto Perceval (así llamo yo al pueblo) como la casa rural se encontraban perdidos en lo alto de una montaña. El camino para llegar allí no era cómodo, pero un poco de aventura para empezar el fin de semana le daba un punto de emoción.

Me acuerdo de que el entorno nos pareció precioso, incluso diría que misterioso por lo recóndito y solitario que era aquel lugar. A todo eso empezaron a sumarse las fábulas que escuchamos acerca del sitio. La que más me atrajo fue una que hablaba de una gran pirámide que estaba oculta bajo uno de los montes que rodeaban el lugar. ¿Una pirámide? ¿Igual que las de Egipto, esas que esconden grandes secretos?

No podía dejar de mirar ese monte tan enigmático que estaba delante de mí. Verdaderamente tenía forma de pirámide y energéticamente tenía mucho poder, pero no solo era la pirámide la que guardaba esa fuerza. Todo allí estaba impregnado de una gran potencia que no era visible para el ojo humano.

Pasaron pocos meses cuando el destino quiso que volviera a ese pueblo que me había atrapado.

A través de un amigo, Simón, preparamos una excursión para pasar la tarde-noche junto a varias personas que todavía no conocía.

Por una parte estaba Delma, que era una señora de mediana edad, sabia, tranquila, bohemia y solitaria, que vivía allí. Por otro lado estaba Jon, de unos treinta y muchos años, que estaba enamorado de aquel lugar. Con este último conecté desde el primer momento. Tenía una manera de ver la vida parecida a la mía con respecto a las energías y el más allá.

En la primera charla que tuvimos, Jon tenía curiosidad por conocer mi impresión sobre la iglesia que allí había.

Curiosamente no había entrado en ella, solo a la ermita, pero Delma me sorprendió cuando me dijo:

–Tengo la llave de la iglesia. ¿Queréis entrar?

–¿No será tarde? –pregunté deslumbrada y a la vez desconcertada por la hora que era.

–No. Podemos entrar sin problema –me contestó Delma con firmeza.

Se había hecho de noche pero todo me parecía tan mágico que me dejé llevar por la situación y por aquellas personas.

La iglesia estaba en lo alto de Perceval y no había mucha luz para ver el camino. Nos ayudamos con las linternas de los móviles. Aun así yo no dejaba de tropezarme con las piedras que me iba encontrando. En cambio, Delma iba tranquilamente, sin necesidad de que nada le alumbrara el camino. Se notaba que estaba habituada a subir y bajar por todo el pueblo de noche.

Una vez llegamos al mirador, la luz de la luna nos deslumbró de una manera tan fantástica que todos nos quedamos embriagados por la energía que nos envolvía. Enseguida me di cuenta de que la iglesia estaba milimétricamente edificada pensando en aquella luz. El efecto era verdaderamente mágico.

Delma abrió la puerta de la iglesia y entramos dentro.

La reacción de cada uno fue diferente. Simón y Delma estaban acostumbrados a verla y salieron fuera a fumar un cigarrillo. Jon permanecía con los ojos cerrados, sintiendo aquel sitio y yo disfrutaba del momento. Seguía sin creer que pudiera estar a solas y de noche en una iglesia, hasta que Jon me propuso algo.

–¿Te puedo pedir una cosa? –me preguntó en voz baja y emocionado.

–Claro –le contesté extrañada.

–He sentido que tenía que poner mis manos encima de tu cabeza.

La verdad es que no estaba acostumbrada a hacer esas cosas, y menos con alguien que había conocido ese mismo día, pero tenía curiosidad por saber qué pasaría.

Jon puso sus manos alrededor de mi cabeza y cerró los ojos. Yo también me dejé llevar haciendo lo mismo. Notaba una gran fuerza en la coronilla y sentía una energía que entraba dentro de mi cabeza. Al abrir los ojos vi la imagen de mi abuela materna, cuando era joven, en el suelo. Pensé: «¿Por qué me ha venido esta imagen?».

Unos minutos después, Jon me dijo que había sentido que yo iba a perder o había perdido un hijo.

–No tengo hijos –le contesté rápidamente. Acto seguido recordé la imagen que había visto y quise contarle más cosas.

Mi abuela había perdido un hijo de cuatro años y mi madre también perdió a mi hermano cuando tenía cuatro años. Era una cosa extraña ver la similitud de ambas situaciones y cómo de repente salía todo en la iglesia. Algo me querían decir, pero parece que todavía no estaba preparada para saberlo.

A continuación percibí una energía que me llevaba a la zona del altar y, sin razonar, fui allí y cerré los ojos. Una fuerza inmensa me estaba guiando. Enseguida empecé a ver en mi frente (en el lugar que llaman el tercer ojo) un escudo grande de fuego que no paraba de absorber bebés y bebés. Iban desapareciendo en el abismo. Al abrir los ojos miré hacia fuera por la puerta y vi cómo la luna iluminaba una cruz de piedra donde se encontraban todos.

Al salir escuché a Jon y a Delma hablar de una puerta. No sabía a cuál se referían, pero no le di importancia hasta que les oí hablar de unos bebés y niños que seguían allí. ¿El espíritu de unos bebés? ¿Era casualidad que justo en el lugar donde me había guiado la luz hubiera visto a un centenar de bebés caer en el abismo?

Me impactó muchísimo ver la cara de Delma cuando les conté lo que vi. No daba crédito a lo que estaba pasando. Jon no paraba de decirle: «Te lo decía. Hay que abrir la puerta». Yo seguía sin entender nada, hasta que ella misma me lo contó:

–Al parecer hace muchos años, como castigo, enterraron a una cantidad de bebés detrás de ese muro. No estaban bautizados y no podían estar con el resto. Por eso Jon estaba empeñado en abrir la puerta en el muro, para que así tuvieran entrada al pueblo, al mirador, y por supuesto a la iglesia.

Sinceramente yo no entendía qué tenía que ver abrir una puerta físicamente con ayudar a esos espíritus, pero como no tenía mucha información sobre la interacción con ellos me dejé llevar.

Mi intuición me decía que había algo en ese muro al que me había dirigido la luz a lo que había que hacer caso. Y lo que pedía Jon podía tener su lógica. Las piedras parecía que estaban cerrando el paso por la otra parte.

Detrás del muro de piedras estaba la montaña y no se veía nada más, aunque Delma nos contó que mucho tiempo atrás allí existió un castillo. A mí me maravillan las historias que tienen que ver con castillos y eso despertó mi curiosidad.

Ese día me costó dormirme. Estaba muy agitada y me venían a la cabeza muchas imágenes de todo lo vivido. Algo en mí se había despertado y tenía la sensación de que tenía que reunirme más veces con Jon para saber hasta dónde me llevaría todo aquello.

Entre nosotros surgió una gran amistad, que fue creciendo hasta el punto de contarnos todo lo que hasta ese momento no nos habíamos atrevido a compartir con otras personas. Era como si nos conociéramos desde siempre.

Delma también estuvo muy revuelta con el tema y no tardó en conseguir unos permisos y unos trabajadores para abrir la puerta en el muro. Yo la conocía poco, pero había algo que me decía que ella podía conseguir todo lo que se propusiera.

A Jon y a mí nos emocionó mucho porque nos habíamos convertido en promotores de la iniciativa. Contamos las horas hasta que por fin llegó el día.

Esa mañana amanecí con mucha energía. Estaba deseando vivir la experiencia que nos esperaba. Me acuerdo como si fuera hoy de lo primero que vi en el espejo al salir de la ducha. Estaba secándome el pelo cuando el vaho y el aire crearon en él una palabra. Se leía perfectamente «doors» en inglés. Pero ¿qué querría decir eso? Me pareció fascinante que ese mismo día hubiéramos quedado para abrir una puerta y que en mi baño apareciera la palabra «puertas». Ahora la única duda que tenía era por qué salía en plural. Era una puerta la que teníamos que abrir y no dos o más. No le di más vueltas y quedé con Jon para ir con él en coche.

Los obreros y Delma estaban ya en el mirador de Perceval esperándonos. Se notaba que estaban nerviosos por lo que íbamos a hacer. Se habían equipado con todo lo necesario para no correr ningún riesgo y enseguida se pusieron manos a la obra. Eso sí, antes de nada, a modo de ritual, Jon puso unas velas para darle a la ocasión el valor que merecía.

Las primeras piedras costó sacarlas. Llevaban mucho tiempo ahí; menos mal que el dintel lo sujetaron bien con unos barrotes para que no se les cayera encima. Aun así estaban protegidos con cascos porque había algunos trozos de piedra que se derrumbaban cuando menos lo esperabas.

Me di cuenta rápidamente de que iba a costar y no dudé en aprovechar el momento para ir de nuevo a la iglesia.

Una vez dentro, cerré los ojos y me dejé llevar por la energía que allí había. Noté la presencia de una fuerza que atravesaba mi chakra corona y pude ver la imagen de una gran pasarela escondida debajo de aquel lugar. Parecía una película medieval en la que los guerreros construían túneles subterráneos para poder refugiarse o escapar.

Salí de la iglesia y vi que estaban a punto de pasar al otro lado del muro. Jon estaba esperándome para ir con ellos. Con mucho cuidado atravesamos el muro por la puerta que habían abierto y nos encontramos con una escalinata tapada por el paso del tiempo que llevaba a otro habitáculo amurallado.

–Hay otra puerta –gritó Delma desde abajo.

Jon me miró con complicidad porque le había contado lo que había visto por la mañana en el espejo.

Los obreros empezaron a recoger y limpiar las piedras para que tuviéramos mejor paso y, cuando llegamos a la segunda puerta, Jon enseguida sintió que ese habitáculo era donde estaban los espíritus.

Se quedó a solas con ellos y los demás volvimos al mirador para observar cómo estaba quedando todo.

Delma acordó un día con ellos para limpiar y arreglar la puerta, las escaleras que estaban tapadas y el caminito que llevaba hasta ellas.

Curiosamente, el jefe de los obreros empezó a hablar de historias pasadas del castillo y las guerras que habían acontecido en él. Uno de los árabes que atacó el castillo intentó saquearlo y cuál fue su sorpresa al descubrir que todos los habitantes de Perceval habían desaparecido.

–¡Vaya! He visto una pasarela o un túnel por donde parecía que se escapaban o escondían –respondí yo.

–¿Dónde has visto eso? –me preguntó extrañada Delma.

Antes de que le contestara, uno de los obreros insinuó que lo del túnel secreto podía haber sucedido. Hacía varios años habían estado excavando por el pueblo y se descubrió un gran agujero que misteriosamente se tapó y nunca más se supo de él.

–¿Y nadie investigó adónde llevaba ese gran agujero? –pregunté intrigada.

–No interesa que se sepan esas cosas. Yo lo he intentado muchas veces, pero no he conseguido nada –zanjó la conversación Delma.

En ese instante apareció Jon emocionado. Había conseguido que salieran todos los espíritus que estaban encerrados o, mejor dicho, «asustados», según sus palabras. Estaba muy contento por la labor que habíamos realizado entre todos. Delma también se encontraba muy satisfecha y notaba un gran alivio en las piernas.

–Es como si hubiera perdido diez kilos –dijo de las sensaciones que había percibido.

Yo no sabía si esos espíritus habían estado, se habían ido o qué, pero lo que tenía claro era que en Perceval algo había cambiado. A raíz de la apertura de esa puerta sentí un gran cambio. Esa gran apertura no solo había sucedido en Perceval. La puerta de mi ser también se había abierto y yo estaba dispuesta a seguir y descubrir hasta dónde me podía llevar ese camino.

3. LA ESENCIA

Si hace diez años me hubieras preguntado sobre mi despertar espiritual, lo más probable es que te hubiera hablado solo de mi conexión con los seres de luz, dando por hecho que esa era la vía directa para llegar a una dimensión superior. Esto no significa que no sea así, pero con el tiempo conocí el abanico de posibilidades de conectar con otras dimensiones y fui consciente de que solo había iniciado mi camino a la iluminación, lo que me hizo ver todo desde una nueva perspectiva.

Las infinitas maneras de avanzar y aprender en el gran sendero para cada ser pueden ser muy diferentes, pero siempre van a tener una cosa en común: la energía universal o Dios. Todas las maneras de fluir y evolucionar te llevan a Él y cuanto menos te resistes a los cambios y más te dejas llevar por esa energía, más paz y armonía encuentras en tu existencia.

Nuestra alma puede conectar directamente con esa energía universal y todos tenemos posibilidad de hacerlo. Una vez que despiertas y entras en esa búsqueda interior se abren, según el aprendizaje y las experiencias que tengas, un mundo de posibilidades de conectar con esa gran Conciencia cósmica.

El Cosmos está ahí fuera, pero también está dentro de cada uno. El Universo es tan grande que, dependiendo de la frecuencia vibratoria que tengamos, podemos enlazarnos con unas dimensiones u otras. Nuestro microcosmos está automáticamente ligado al macrocosmos y viceversa. Todo lo que hay en el espacio o en el Universo está en nosotros o en nuestro planeta.

Por eso no es de extrañar que el alma se componga de una llama divina o cósmica y la energía se cree a través del cuerpo humano. Cada nacimiento lleva implícita una nueva energía que va unida a todos sus ancestros y a la madre naturaleza. La importancia de la Tierra no solo estriba en la materia o energía densa con la que nos relacionamos, sino que cada elemento genera su propia energía, que le hace estar muy vinculado a nuestro planeta.

Toda nuestra energía forma parte de la naturaleza y eso hace que la conexión con ella sea fundamental para sentir y fluir más con la energía universal.

Los animales y los vegetales son muy conscientes de su energía y no bloquean ese flujo que los lleva a la gran Creadora universal.

Sin embargo, la energía de nuestra alma no ha sido la causante de la evolución humana. Toda esa metamorfosis que creó a la humanidad forma parte del Plan divino y cósmico que va tejiendo una gran red en todo el Universo.

La parte cósmica que tenemos es la que conecta con la gran Conciencia cósmica y se nutre de toda la sabiduría que le llega desde el Universo. Esa parte divina es el gran motor que sacude a nuestra alma y nos lleva a seguir evolucionando para llegar a trascender y unirnos al Todo.

Nuestra llama o Conciencia divina tiene una energía tan poderosa y mágica que para poder llegar a entender su fuerza tendríamos que intentar visualizar al impulso creador de un rayo o la fuerza del mar. También nos puede acercar a entender dicha potencia la erupción de un volcán, el remolino que se forma en el mar o sencillamente el calor que se genera al instante en una cerilla con la fricción del fósforo y la lija.

La chispa que da vida a nuestra aura tiene una energía tal que es incalculable para nuestra mente. Podríamos intentar reflejarla en una fórmula que fuera algo así como:

«Fuerza x Impulso al infinito».

Una de las dudas que nos surgen al conocer nuestra parte cósmica es qué ocurre con ella y con la parte energética a la hora de desprendernos de nuestro cuerpo físico. Si la energía se va generando con cada reencarnación y vida humana... ¿qué ocurre con toda esa energía?

El alma que se va gestando con cada cuerpo siempre sufre cambios evolutivos, es decir, hay cosas que se van perdiendo y cosas que se van ganando. Estamos en continua transformación y esa es la misión más importante de nuestra esencia. Sin ella no hay aprendizaje, y todos somos parte fundamental del proceso progresivo de la Conciencia cósmica o la Fuente.

Llevamos en nosotros muchísimas vidas antes de la actual, experimentando y adquiriendo en nuestro cuerpo astral todo un conglomerado de emociones y vibraciones que siguen ahí, dentro de nuestro ser. Para escucharlas o sentirlas hay que profundizar y prestar mucha atención a nuestro interior.

Hay tanto para aprender y para vivir en este Universo que nunca habrá un fin para este gran proceso. Eso sí, en lo referente a la rueda de reencarnaciones y a las dimensiones terrenales existen diferentes niveles que, una vez que los alcanzas, consigues trascenderlos y seguir con un nuevo vehículo en dimensiones superiores.

Ese nuevo vehículo ya no lleva la energía densa de tercera dimensión, que es la de nuestra Tierra. Nuestro cuerpo astral se adapta a los nuevos planos, donde reinan la unidad y la luz. Las diferentes conciencias que atraviesan esa transformación trabajan en equipo y cooperación constante con los demás. Lo que siente y experimenta uno es vivido e integrado por todos. Allí no existen el ego, ni la individualidad, aunque cada uno sea un ser independiente con sus propias vivencias y frecuencias vibracionales.

Así que tenemos mucha ayuda para seguir aprendiendo de la vida y poder integrar todas las experiencias en nuestra alma. Los seres de luz que están en dimensiones más elevadas, según sus cualidades y vivencias adquiridas, intentan transmitirnos su sabiduría para que podamos seguir avanzando en nuestro proceso. Otra cosa es que nosotros no queramos prestar atención o no estemos todavía preparados. No obstante, ellos pueden percibir cuándo pueden ser recibidos o conectados.

La mayoría de los seres de luz provenientes de la Tierra siguen guiando y trabajando desde su esencia, que les marcó en sus vidas humanas. Muchos de ellos son muy conocidos por todos nosotros, a pesar de las grandes lagunas que seguimos teniendo acerca de casi todos. Por esa razón me gustaría hablar de uno de ellos y de una parte que ha sido borrada de nuestra historia y que integró una gran sabiduría y aprendizaje de la India.

4. SHANDILYA

Quiero comenzar a hablar de este gran ser de luz, que era muy desconocido para mí. Shandilya es su nombre y ya es hora de rescatar todo lo que aportó a nuestra cultura e historia.

Su energía apareció en sintonía con la entrada de Gaia a la nueva era astral. No me extrañó que la energía femenina fuera la que más se estuviera mostrando en esta era de Acuario. Todo había empezado a transformarse y la energía creadora tenía que hacerse con su espacio, ya que en la era anterior se la había apartado.

Shandilya fue la madre creadora de la familia Sandilya gotra, que se encuentra entre los linajes más grandes y sabios de la India. El nombre deriva de las palabras sánscritas *śaṇ* (lleno) y *dilam* (luna), que con el derivado agregado significa luna llena.

Contribuyó a resolver ciertas dudas metafísicas de las cuales posteriormente surgieron composiciones y textos relacionados con el yoga.

Su filosofía se basaba en la meditación, la respiración, la concentración, y sobre todo en la conexión con Dios. Shandilya se hacía muchas preguntas sobre Él y el ser interno de las personas: ¿Quién soy yo?, ¿quién es Él? y ¿cómo voy a ser una con Él?

Las respuestas que consiguió eran estas: «Si lo conozco, me conozco a mí mismo; si me conozco a mí mismo, lo conozco a Él». Así llegó a la conclusión de que «Yo soy Él» y eso le dio una gran alegría y paz.

Shandilya sigue iluminando y guiando como ser de luz y me indica que todos los que estamos en este camino a la luz acompañemos a los que lo necesiten con libertad, humildad, amor, alegría y felicidad. Una vez que estás en esa búsqueda, el camino se hace más agradable, tierno, dulce y tranquilo.

Dentro de las enseñanzas de Shandilya se encuentra todo lo relacionado con el cuerpo físico o vehículo de vida humana. Ella aconseja conectar con nuestra esencia y nuestro ser para sacarlo y exponerlo, mejorando su apariencia.

El cuerpo físico se enferma porque los humanos alimentamos nuestro ser con pensamientos y emociones negativas, preocupaciones, estrés, tristeza, y todo eso hace que nuestro cuerpo material se marchite, se pudra y esté mal.

Es evidente que hay un momento en que el cuerpo se deteriora, pero cuando sufre o está agonizando hay que recordar y tener presente que solo es un vehículo que dejaremos. Vivir y estar en el cuerpo o vehículo es sufrir, y si dejas de hacerlo es que ya estás libre de él.

Shandilya me ha enseñado que curiosamente el cuerpo material o físico del humano se adhiere o sigue a la energía cósmica o al ser de luz que está en otro plano. Cuando un bebé nace y crea su energía, esa energía de la naturaleza se mueve y se conecta con la llama o esencia cósmica para crear una nueva alma. Una vez que están sincronizadas, la llama o esencia cósmica se mueve al ritmo de la energía del cuerpo humano.

Algunas veces puede ocurrir que el aura o la parte divina tenga una frecuencia vibracional más alta y eso hace que ocurran viajes astrales fuera del cuerpo. La llama quiere seguir a la energía universal o siente la necesidad de conectar con Dios.

Uno de los ejemplos que me mostraba sobre la preparación del cuerpo humano fue con los rituales que los hindúes realizan para preparar sus ropas, adornos, maquillajes, etc. para eventos muy importantes. Para conectar con nuestro ser interior o esencia hay que entrenar la respiración, la atención plena, la meditación y la contemplación.

Sin embargo, lo que hace mover y fluir a nuestra esencia es el fuego que lleva, que te agita a hacer cosas por amor y te hace vibrar para seguir caminando y fluyendo con la energía universal o diosa.

Me hizo mucha ilusión conocer a Shandilya, que fue la precursora de la filosofía del yoga. La palabra *asana* significa postura o permanecer, y viene de la raíz sánscrita «*as*» que significa sentarse o silla. De manera simbólica, la primera *asana* fue la postura de la meditación, tal y como la transmitió y sigue enseñándonosla hoy en día, como la gran guía de luz que es.

5. LA OSCURIDAD

Conectar con la luz siempre ayuda y da mucha paz y serenidad, lo que no significa que te libres de la oscuridad que habita en tu interior. Llegar a ese nivel de iluminación con la energía tan densa que nos limita es complicado, pero muchos estamos en ese camino.

Una de las cosas que más me han acercado a profundizar en mi ser ha sido conectar con mis vidas pasadas. Sentir, ver y escuchar escenas o situaciones vividas en otro cuerpo y otro lugar dice mucho de todo lo trabajado y lo que sigue estando pendiente. A veces hay emociones que sabes sin ninguna duda que no vienen causadas por nada vivido en la encarnación actual. Tienes miedos que no llegas a entender de dónde surgen o el motivo de su existencia.

La infancia suele ser una gran aliada para descubrir las emociones más puras y cercanas al alma. Muchas veces te encuentras con unos sentimientos que se repiten una y otra vez y que te hacen ser muy conscientes de la importancia que tienen en tu ser más interno. Sin embargo, a medida que pasan los años, muchas de ellas se van desdibujando con nuevas percepciones que van surgiendo.

Sean nuevos aprendizajes o antiguas lecciones que están sin resolver, todos se van mezclando en este gran trabajo universal de la evolución energética.

La verdad es que se hace muy complejo visualizarse de una manera desagradable o reconocerse en muchas de las cosas que uno ya no tiene. Después, al observarte más, reflexionas y percibes que quedan algunos resquicios de esa existencia. No dejo de pensar en esa mujer celosa, envidiosa, carcomida por dentro y amargada que no podía sentir amor por nadie. Físicamente también, tan diferente a mí que por mucho que la mirara y remirara me costaba verme dentro de esa energía tan negativa y destructiva.

De aquella mujer todavía queda el pudor, algo innato en mí. Desde muy pequeña he sido muy pudorosa con mostrarme desnuda delante de la gente y, aunque no me gusta reconocerlo, algunas veces también los celos se han apoderado de mí. Ver a quien quieres interesándose por otra persona y sentir que ya no te va a desear o querer igual es otro de mis saldos pendientes.

No todas las vidas pasadas son duras o molestas. Muchas de ellas han supuesto grandes triunfos o enormes éxitos, aunque puede ocurrir que en la vida actual hayas olvidado esa parte de ti y tengas que rescatarla. En mi caso, era un gran caballero, un rey valiente que peleaba y sabía defenderse como nadie. Los valores y la esencia de la defensa las reconozco en mí, pero la valentía o la técnica de la lucha quizá sea algo que con el tiempo he olvidado.

Cada cuerpo, lugar, situación hace que desarrolles una serie de cualidades, y no debes pretender recuperar ni aprender todas ellas, pero sí algunas emociones, que pueden ser muy valiosas para seguir creciendo como persona.

Al margen de las posibilidades de sanación y crecimiento interior que te da el recordar y trabajar las emociones vividas, hay un sinfín de herramientas para seguir gestionando los diferentes sentimientos. En este aspecto, recurrir a la creatividad a mí me ha servido a la hora de enfrentarme a alguna de ellas.

Tuve varios episodios de mucha ansiedad que coincidieron con la transición de la nueva era. 2012 fue un año muy agitado para muchas personas que estábamos despertando y mis proyectos de esa época iban encaminados en esa dirección.

En ese momento no te das cuenta de cómo te van guiando y ayudando para sacar al exterior todo el bloqueo energético que llevas dentro, pero con el tiempo te reconoces fluyendo y dejándote llevar por la fuerza vibracional del Universo.

Sentir y ser era una necesidad en aquel tiempo para transmitir la angustia y el dolor que me causaba el desamor. Así nació mi vídeoarte *Siento, siento,* en el que vomité mi frustración y mi impotencia ante aquella situación. Dirigir a la actriz y bailarina de ese proyecto, Mercedes Bergareche, me sirvió de terapia para poder transmitir lo que estaba viviendo, pero necesitaba volcarme y entregarme por completo a lo que quería contar y por ese motivo compuse y canté una canción en la que me desnudé emocionalmente. No por la complejidad de la letra, ni por la melodía... Tan solo fue soltar, sentir y sencillamente ser.

Era una época convulsa y la vibración del miedo había cogido mucho terreno, de manera que seguí trabajando mi ansiedad con otro proyecto, aunque esta vez quería contrarrestarlo con la energía del amor. Me fui hasta las cuevas de Zugarramurdi y conté con la participación de la gran actriz María Luisa Merlo para hacer *Betiko*. En ese lugar, todo el equipo conseguimos conectar con la magia de la madre Tierra. De su mano atravesamos el sendero de la unidad, la paz y el amor, dejándonos fluir por los recovecos de nuestro ser.

Por aquel entonces no me daba cuenta de que había muchas maneras de canalizar o recibir mensajes desde diferentes dimensiones del Universo. Siempre había creído en la inspiración o en la imaginación de cada persona, pero poco a poco he abierto los ojos al respecto. Todos podemos recibir sentimientos, imágenes, melodías, sonidos, olores y muchas más sensaciones que el Cosmos nos transfiere. Descargamos virtualmente, como si fuera de la nube de Internet, un sinfín de datos que están grabados en la gran red del Universo.

Ahora estoy atenta a las señales y sé que todo lo que aparece de repente tiene un propósito para cada humano que esté en esa sintonía.

Si estás dudando sobre algo y estás todo el tiempo dándole vueltas a algo que te preocupa, escúchate, siéntelo y observa. En algún sitio están intentando guiarte y transmitirte información para seguir fluyendo con la energía universal. No hay que desgastarse; solo hay que dejarse llevar por el Cosmos o la Diosa que habita en nosotras. Escucha esa canción que sientes que te está llamando. Lee esa matrícula que te ha sorprendido. Mira bien ese dibujo que por arte de magia ha aparecido en tus manos, o da las gracias a esas horas espejo que tanto te van siguiendo.

Todo el Cosmos está conectado. Todo tiene un porqué y una evolución... La magia existe y la Diosa también. Nuestra creadora forma parte de todos nosotros, de todo el planeta, de toda la galaxia y de todo el Universo.

6. LA DIOSA

La palabra Dios siempre ha tenido mucho poder en la humanidad y cada cual le ha dado el valor que su propia fe y su filosofía de vida han querido instaurar. Algunos lo han mitificado, otros lo han convertido en una religión, otros lo han aplicado a sus causas o a cómo lo han sentido en ese momento. Lo que está claro es que cada persona debería tener la libertad de sentirlo o vivirlo como le plazca, sin ningún juicio o imposición de nadie.

Siempre he creído en el más allá y en la parte divina de las personas. Hasta hace bien poco había algo en mí que me decía que existía alguien superior que había creado la vida, pero no conseguía entenderlo o visualizarlo, y finalmente con ayuda de unos seres maravillosos he logrado comprenderlo.

Todo nuestro Universo es Dios, que se asemeja a una persona y tiene la energía divina con la que pone el Cosmos en movimiento, ordenando y dando armonía a todo mágicamente. Cuanto más aprende y experimenta, más evoluciona la Conciencia cósmica que adquiere. La memoria donde se almacenan todas esas experiencias y sabidurías está resguardada por los elefantes cósmicos. El cerebro de nuestro Universo tiene al elefante como avatar, y de ahí proviene la importancia de estos animales, que guardan la información del espacio. Ahí se compilan todos los *registros akhásicos* del Cosmos.

El árbol cósmico representa la estructura, columna o huesos que sujetan al cuerpo. Mantiene en equilibrio y armonía todo el Universo. Como el árbol con cada rama, con sus diferentes galaxias, las constelaciones que se mueven independientemente pero que a la vez están imantadas por la raíz astral de este, separando y expandiéndose, igual que los huesos van creciendo en la persona.

De igual manera que entre la luna y la Tierra hay materia o energía oscura, esa energía existe en todo el Cosmos. Nuestro sistema respiratorio simboliza dicha energía, que se inspira y se expira como el oxígeno.

Otro de los sistemas más importantes del Universo es el reproductivo: la autofecundación gestó al gran feto, del cual se generó la vida que conocemos. Dentro del útero o la matriz de la Diosa están los óvulos o *elohim*, que son los creadores y encargados de armonizar y equilibrar las llamas de colores. En cada era astral varían de color, y ahora, en la era de Acuario, nuestra llama y la de todos es de color violeta. Los *elohim* pueden comunicarse con todos los seres de luz o los seres cósmicos. Tienen gran sabiduría y pueden ayudar mucho en la evolución universal del Cosmos.

La vida tal y como la conocemos comenzó cuando los cometas, es decir, los espermatozoides, entraron en el útero y uno de ellos fecundó el óvulo. El tótem de los cometas es el ave fénix, que es el fuego que resurge de las llamas. De ahí surgió el gran sol o la gran semilla, gracias al cual nació una gran estrella divina que explotó e irradió luz en todo el Universo, expandiéndose con infinidad de hijos e hijas de toda índole como seres cósmicos, seres de luz, planetas, estrellas, etc. El *Big Bang* fue el nacimiento de los «infinitillizos».

Todo es obra de Dios o la Diosa, que va generando Conciencia cósmica en todas sus criaturas. Ella es la energía universal que nos va guiando para poder seguir aprendiendo y experimentando libremente. Nuestra madre y padre llena de amor que busca la paz, la armonía y el equilibrio en todo el Cosmos. El corazón del Cosmos es un campo magnético, para que unos y otros nos movamos por la atracción que sentimos.

Asimismo, la Diosa está integrada por muchísimos seres cósmicos divinos. No solo están los comentados, sino que hay muchos más, como todas nuestras células u órganos, que tienen vida propia. Cada ser tiene su función. Uno de los seres cósmicos que me siguen fascinando son los dragones cósmicos, que se dedican a sacar toda la energía tóxica y nociva, haciendo de aparato excretor de nuestro organismo. Van expulsando bocanadas de llamas de fuego, con el que después absorben la energía desechada del Universo.

Los dragones siempre han despertado mucho interés en nuestra historia y hay un sinfín de leyendas mitológicas sobre ellos que te hacen replantearte muchas cosas. En tal caso, la palabra «edén» nació del sentido que tiene beber de la esencia de aquello que se consume y se integra dentro del ser, como puede ser el fuego que emana el dragón. De ahí surgieron palabras como *edensuge* o *herensuge,* que significa dragón en euskera y que establece una relación directa entre el dragón y la serpiente del Paraíso. También «*aho*» significa boca y «*su*» fuego, y curiosamente en China el dragón del mar se denomina *aosu*.

Es evidente que todo en el Universo es energía y que toda la energía que se va generando con la nueva vida forma parte de la energía universal.

Los movimientos vibracionales de energía divina crean el alma de nuestro cuerpo, y esas vibraciones son delfines que hacen evolucionar o avanzar a Dios. Ahí es donde me voy a centrar... en nuestra vibración, en nuestra alma... En esos seres maravillosos, mágicos y divinos que son los delfines cósmicos.

7. DELFINES CÓSMICOS

El alma universal, tanto de la Diosa como la nuestra, es lo que tenemos, y su energía día a día se va transformando a través de las vibraciones de los delfines cósmicos, formados por cristales fractales que generan gran equilibrio y paz en toda la conciencia de amor del Cosmos.

Su manera de manifestarse es muy variada. Algunas veces utilizan el sonido, la luz o el agua en todos sus estados, y otras veces el aire o el magnetismo. Son grandes inventores y crean constantemente para dar armonía al Universo. Las vibraciones y movimientos que van trazando van fluyendo y cambiando para que así surjan nuevas agitaciones.

Cuando hablo de la luz no me refiero solo a la luz visible de los siete colores del arcoíris. Existe una gran cantidad de luz por encima y por debajo de esa gama de frecuencias que nosotros no podemos ver. Hoy en día vamos detectando con la ayuda de aparatos frecuencias que están por encima del color violeta, como la luz ultravioleta, los rayos X y los rayos gamma, o por debajo de la frecuencia del rojo, como los rayos infrarrojos, las microondas y las ondas de radio y televisión.

El mundo espiritual se mueve en un rango de frecuencias que nuestros sentidos no pueden captar, y dentro de ese rango existen frecuencias de mayor y menor vibración.

Los delfines cósmicos tienen la fuerza divina de crear grandes sacudidas en el Universo que apaciguan mágicamente la energía de toda la naturaleza que conocemos. La ayuda de los delfines terrestres puede evitar terremotos, tsunamis o muchas catástrofes relacionadas con la Tierra. Hoy en día hay menos delfines en el planeta que en el Cosmos, lo que hace que la naturaleza y la Tierra no estén tan equilibrados.

Los delfines reducen la suciedad y el lado oscuro de las acciones de nuestra alma, proporcionándonos más amor, pureza y armonía. Al permanecer en estado de amor, el nivel vibratorio que emiten es realmente poderoso, capaz de sanar y transmutar cualquier malestar o escasez de la vida. Así alejan de nuestras vidas energías con menor nivel vibratorio o densidades más lentas como enfermedades, personas agresivas o accidentes.

Trabajan con toda su magia y divinidad para darnos luz, paz y amor. Un amor que como estado emocional emite vibraciones muy sutiles, etéreas y de alta velocidad que nosotros reconocemos cuando sentimos que estamos fluyendo con la vida o que estamos conectados con la Fuente o con Dios.

En ese estado nos sentimos alegres, entusiasmados y vitales con lo que hacemos y acontece. Además, si permaneciéramos continuamente en esa fase, desprendiéndonos de nuestro ego y limitaciones, descubriríamos cambios esenciales en nuestras vidas que nos llevarían a la plenitud.

La sencillez, la fluidez, la confianza, el respeto hacia todo lo que nos rodea es lo que nos transmiten los delfines cósmicos que tengamos. Para ellos es vital que dejemos a cada cual que se posicione donde desee, siendo libre, sin manipulaciones ni odios y que nos amemos desde la unidad.

Ellos nos animan a jugar, sonreír, cantar, vivir, dando un salto de amor.

Una de las cosas más bellas que me comunicaron fue sobre el cántico que realizan cuando todos ellos se unen. Las vibraciones y sonidos que van creando forman un precioso unicornio de colores, el cual suena con una melodía divina y mágica que nuestro oído humano no puede alcanzar. A ese encuentro mágico de delfines cósmicos se le llama «el canto del unicornio».

Los movimientos de los delfines, sus aleteos, sus saltos y su alegría dibujan la larga cabellera rosa del unicornio. Cuando sucede esto, los delfines terrestres, que tienen parámetros definidos para conectar con su cuerpo, escuchan de la Fuente y emiten los sonidos, los movimientos y el amor que canalizan. No obstante, todos ellos actúan muchísimas veces como un gran unicornio. Uno de los momentos más espectaculares viene con «el vuelo del unicornio», que utilizan para contrarrestar y equilibrar las protestas que hace la energía de la naturaleza causando terremotos, tsunamis u otras desgracias.

Los delfines terrestres, en conexión con la Fuente, abren el espiráculo cuando salen a la superficie. Muestran el cuerno astral del unicornio, para que recordemos cómo puede crecer, en la huella de un orificio que tienen en la cabeza. Desde ahí conectan y expulsan las vibraciones de cristales fractales que reciben y no cesan de buscar las conciencias de amor más puras que hay para contactar con ellas.

En nuestro Universo tenemos diferentes animales con mucha magia como los elefantes o los ciervos, pero los delfines cósmicos deberían ser para nosotros como dioses. Naturalmente, el hecho de que tengamos su apoyo no significa que siempre consigan realizar todas sus acciones amorosas y armónicas. En la Tierra hay menos amor del que se necesita y esto impide que su actuación a veces no consiga los resultados deseados. «El vuelo del unicornio» en esos casos se queda en el «cabalgar del caballo».

8. LA DIVINIDAD DE LOS DELFINES

El nacimiento de nuestra esencia o llama cósmica llega de la explosión del Universo cuando la Diosa da a luz. La energía divina de las llamas, que ha surgido a través de la creación universal, va absorbiendo e integrando todas las experiencias que va adquiriendo. Mientras tanto, la Conciencia cósmica de la Diosa se va expandiendo más y más con todas las transformaciones que van acaeciendo.

La energía germina cuando está rodeada de amor, luz y paz, de manera que se crea una gran conciencia de amor con todas las criaturas del gran Cosmos o Dios.

Los delfines cósmicos van recogiendo toda la información de la conciencia de amor que cada uno tiene en su propia fuente. Necesitan conocer el amor que hay en el Universo y en que va evolucionando cada llama. Ellos buscan el amor y quieren saber la esencia de cada energía divina que hay en el Cosmos. Una vez que hay vida en el espacio, la existencia va obteniendo diferentes expresiones de cada experiencia.

Las esencias tienen una determinada conciencia de amor y un propósito para expandir su afecto en el Universo. Luego están las misiones más colectivas, que van surgiendo según las necesidades del Universo o Dios para ayudar y guiar a los que se van quedando atrás.

Dentro de esa gran Conciencia nos podemos encontrar con la alegría, el amor, la felicidad, la tristeza, la compasión, la empatía, la luz y la paz. En cambio, hay otras emociones que van saliendo en el Cosmos que impiden que se expanda el amor, como son el dolor, el rencor, el sufrimiento, el miedo y el odio.

Cada chispa divina, desde que nace tiene un don más marcado que otro y con la evolución se van acentuando esos regalos. Hay muchos tipos de dones como el de guiar, la transmutación, el valor, la sanación, etc.

Sujetar o mantener todas esas conciencias en total armonía con el Cosmos, respetando el nivel de cada una, es una tarea que los delfines saben realizar con mucha fluidez. Sus sonidos transmiten frecuencias de luz para convocarnos a la unificación y al servicio. Ellos difunden interminablemente, a través de la energía, a todos los que estamos en la resonancia del Amor, para intentar acelerar nuestro proceso de despertar y sincronización con la Conciencia cósmica.

Los delfines cósmicos nos ven como sus hijos celestiales y eso hace que nos protejan, mimen, den calor, paz, luz, amor y nos proporcionen una dedicación absoluta e incondicional como una madre a su bebé. Para ellos existen diferentes tipos de placeres universales y son partidarios de experimentarlos y dar alegría, bienestar, salud y armonía.

A lo largo de muchísimos años han estado sembrando luz en nuestro planeta, incluso antes de la existencia de los primeros humanos. Sus vibraciones vuelan y vuelan por todo el Universo para que todo fluya armónicamente.

Los humanos no quieren abrir los ojos o despertar, ni ver el poder que tienen los delfines porque les da miedo. Hay muchos que no quieren perder el control, y menos con algo que no conocen.

En uno de los sueños lúcidos que tuve se me apareció un delfín terrestre sonriendo y bordeando el mar para acercarse a mí. Sentí mucho amor y me transmitió que estaban al tanto de la conexión que yo tenía con los delfines cósmicos. Estaban muy contentos de que estuviera con ellos y eran conocedores de todas las transmisiones que tenían conmigo.

Una de las cosas que me siguen recalcando es que tenemos que evolucionar y dejar de cortar árboles, ya que disponemos de diferentes materiales para construir lo que necesitamos. Los árboles nos dan oxígeno y nos conectan con la madre naturaleza y al destruirlos nos separamos y desconectamos de ella.

Los árboles siempre los he sentido como mágicos y divinos; incluso mi primer cuento infantil era sobre un árbol llamado *Basotxo*. Con el tiempo te das cuenta de que las inspiraciones no vienen solas y que todos estamos conectados en la misma dirección.

Ahora soy más consciente de la figura tan valiosa que es el árbol. Forma parte de nuestra Diosa y es una gran estructura que sujeta todo el Universo. Al igual que nuestra columna vertebral, nos proporciona puntos de unión para los músculos de la espalda y las costillas, dándonos soporte y protección.

Hay una sincronicidad tan maravillosa en todo el Universo o dentro de la misma Diosa que su alma está latente en todas partes. Prueba de ello es la sonda Juno de la Nasa que captó, en las imágenes de las capas superiores de las nubes de Júpiter, una imagen similar a la de un delfín surcando las olas de un océano. Ahí está la vibración de la energía universal, manifestándose sin parar para que podamos abrir los ojos.

Una de las cosas que más cuesta entender es la división de los diferentes seres cósmicos con su propia vida, esencia y energía, y cómo todos unidos hacen un gran ser como la Diosa. Cada célula, órgano o parte de nosotros también tiene vida propia y su energía, quizá no cada parte con conciencia divina, pero sí que muchas energías hacen una. Si sumáramos todas las energías del planeta y de otros planetas, conformarían, junto con toda la energía que hay en el Cosmos, una gran energía universal o Dios.

Lo que ocurre con los delfines cósmicos es lo mismo; igual que nosotros, cada uno tiene su conciencia y energía, y por eso ellos en unidad tienen su propio sentimiento hacia la Diosa, poderosa y mágica como la imagen de la Virgen para nosotros. Una imagen extraordinaria que puede crear y tener hijos de manera milagrosa. Además, los delfines son parte de esa magnificencia que es Dios. Nosotros somos hijos de esa Diosa de la que ellos también forman parte, tanto como de ese amor o vibración. Su poder es tal que van volando velozmente por un portal cósmico (como si se tratara de un atajo) y así viajan de un planeta a otro. A su vez van guiando por el camino a la luz a todos los delfines terrestres para que estos sean felices.

9. DELFINES TERRESTRES

Antes de que los dinosaurios existieran, el mar estaba habitado por diferentes tipos de cetáceos de los que sabemos muy poco. El mismo misterio que envuelve a los dinosaurios lo causan estos magníficos seres. Los delfines son animales ancestrales, de los primeros del planeta, y fueron enviados antes de la colonización humana para preparar las frecuencias y pautas evolutivas. La dedicación amorosa que tienen con nosotros con su ternura, dulzura y cariño es impresionante para que evolucionemos espiritualmente, pese a que se sienten controlados y amenazados por los humanos.

La desinhibición y la alineación que poseen a través de su cuerpo y espíritu con la Tierra, el sol, las estrellas y la conciencia colectiva del Todo es tal que nos transmiten mucha paz y tranquilidad, aumentando las endorfinas (las hormonas de la felicidad) y produciendo cambios químicos favorables en las personas.

La esencia de los delfines está por encima del tiempo, por encima del espacio, pues ellos están dentro de nosotros. Llaman a la humanidad para que despierte su divinidad interna y así nos puedan hablar de la alegría, la libertad y el espíritu del amor incondicional.

Según Metatrón, se les denomina «delfines dorados» por lo sagrados que son y que deberían ser para todos nosotros. Los dorados son seres increíbles, inteligentes y altamente evolucionados que traen enorme luz al planeta. Están para ayudarnos de manera delicada y con resonancias que sobrepasan nuestros actuales conocimientos e imaginación.

Los delfines dorados tienen la inocencia de los niños y cuidan, miman y tratan todo lo que hay en el Universo por igual. Incluso estando limitados y metidos en el mar, su conciencia de amor se expande por todo el Universo. Están en ambos sitios simultáneamente, en el espacio y en la Tierra. Aquí escuchamos las transmisiones desde la radio del Universo que los reconectan con la Fuente o Conciencia cósmica. El sonido de los cetáceos sería esa transmisión de las frecuencias que nos recuerda nuestro origen galáctico.

Cada vez que un delfín emite una pulsación de frecuencia crea un sonido. Cada sonido tiene una frecuencia vibratoria que se expande kilómetros a través de las aguas. Esto va creando armónicos de frecuencia, como oleadas que atraviesan los océanos, limpiando, sanando y reconectando.

Los delfines desarrollaron su propio sistema sensorial o de comunicación, un sistema único en el reino animal. Tanto ellos como las ballenas utilizan frecuencias de sonar complejas (pulsos de ondas de sonido a través del agua) o «ecolocalización» para comunicarse entre sí, navegar por los mares profundos y cazar a sus presas. Son los únicos mamíferos marinos que han desarrollado la capacidad de escuchar y analizar este tipo de sonidos de alta frecuencia.

Los científicos de la Universidad de Monash y del Museo Victoria resolvieron el enigma de cómo empezó la evolución de esta increíble capacidad con un fósil de hueso de oído de *xenorophid* (uno de los primeros cetáceos dentados), que se encontraba en el Museo Nacional de Historia Natural del Instituto Smithsonian y que dataron en 26 millones de años.

Los delfines también utilizan los sonidos, la danza y el salto para comunicarse, orientarse y alcanzar sus presas. Son animales sociales que viven en grupos familiares y pueden establecer fuertes lazos sociales, donde algunos individuos heridos o enfermos son cuidados por otros, incluso ayudando a llevarlos a la superficie si fuera necesario.

La mayoría de los delfines tiene la vista muy desarrollada, tanto dentro como fuera del agua, y puede oír frecuencias diez veces o más por encima del límite superior del oído humano adulto.

Los científicos han descubierto que los delfines desarrollan sus propios silbidos individuales para identificarse a sí mismos y a otros miembros de su manada. Dado que la visibilidad es a menudo pobre en el océano, los delfines dependen del sonido para transmitir mensajes y comunicarse. Cada delfín posee un nombre propio o silbido característico que sirve para llamarlo a la manada.

Cuando nace un delfín, los demás, que responden al llamado de la madre, forman un círculo alrededor de él y de su madre. Nadan alrededor del círculo, primero en una dirección y luego en otra, utilizando el sonar para enviar saludos y bendiciones al recién nacido.

Estos sonidos también sirven para crear los tonos armónicos necesarios para llevar la conciencia plena del cuerpo energético al cuerpo físico y así activar su divinidad cósmica, enlazando al recién nacido con los delfines cósmicos. El proceso acaba cuando la criatura es capaz de mirar a través de sus ojos y conectar con el Cosmos.

El aura de los delfines puede alcanzar un diámetro de hasta seis kilómetros y la frecuencia de su función cerebral se mantiene en el nivel alfa o estado de relajación máximo, que está considerado el estado de conciencia más agradable.

Los delfines dorados pueden ver a través de la piel, percibiendo la forma y movimiento de nuestros órganos internos, pulmones y el latir de nuestros corazones. También pueden transmitir sabiduría y mensajes cósmicos por medio de su tercer ojo.

Aparte de las capacidades clarividentes que los delfines son capaces de despertar o expandir dentro del ser humano, pueden fotografiar el aura humana, detectar bloqueos y fugas de energía y repararlas al instante.

Aparentemente juegan, pero pueden estar avisándote de alguna dificultad, como ocurrió con una niña, a la que un delfín golpeaba todo el tiempo debajo de una de las costillas para decirle que tenía un tumor. El delfín le marcaba el problema en la zona golpeada.

Los niños de hoy en día y los delfines dorados tienen mayor complicidad entre ellos, porque ambos tienen consciencia de grupo y capacidad de armonizar la energía con su sola presencia. Son muy sencillos, van directos al grano, sin complicaciones y quieren engrandecer el amor. Comparten elevadas frecuencias vibratorias y son portadores de información que permitirán que el planeta se transforme.

Al reflejar sus sensaciones me trasfieren que les gusta cómo los tratan en general los africanos; refiriéndose a ellos por el respeto, la humildad y el amor con los que se relacionan con los delfines. Asimismo, especifican que en África los humanos ponen atención para aprender de ellos. La Tierra está retrocediendo en la conciencia del amor, y no deberíamos olvidar que dicha conciencia es la que nos lleva a una naturaleza mejor, es decir, con más agua, vegetación, luz y abundancia.

El trabajo de los delfines, no solamente repercute en las aguas de la Madre Tierra, sino en las nuestras también. Ellos están para ayudar a elevar y despertar nuestro amor incondicional o amor puro representando la conciencia «crística» del planeta. Actúan directamente tanto con la esencia del planeta Tierra como con la cobertura de luz de la consciencia colectiva de la humanidad. Son energías sublimes, divinas, etéreas, físicas, y lo mejor de todo es que comparten la Tierra con nosotros.

10. LOS DELFINES Y EL AGUA

El Universo tiene una inmensa variedad de planetas, muchos de los cuales son habitables, y en cada uno de ellos hay delfines con los que el Universo armoniza y mide la vibración de la conciencia de amor. Por eso tienen que estar equilibrados. Los delfines son la representación de la conciencia de amor del planeta.

Ahora mismo en la Tierra hay menos delfines de los que debería. Tenemos que cuidar y mantener mejor a los delfines para que tengamos más conciencia de amor, alegría, unidad, felicidad y cooperación.

Ver el nacimiento de los delfines dorados es una de las imágenes más bellas y concisas que me han proyectado. Este proceso fue lento, cuidadoso y muy laborioso.

Los minerales, con el paso del tiempo se transformaban en arena; los continuos y diferentes movimientos que surgían en el agua se transfiguraban en pequeños o grandes remolinos, bolsas de agua, o en una variedad de formas que suele adquirir el agua.

En el agua todos podemos escuchar los sonidos que emiten las vibraciones; es donde más se revelan, se ven y se oyen. Las vibraciones crearon formas y cristales fractales que influyeron en la naturaleza.

Una vez que la Tierra estaba preparada con los minerales, el oxígeno necesario, la vegetación, el magnetismo, el agua y los animales, el sonido de las vibraciones de los cristales fractales llenó el mar de múltiples expresiones de amor, manifestando la conciencia de amor.

El surgir de los delfines dorados vino a través de la fusión de la energía de los primeros peces con la vibración de los delfines cósmicos y su evolución. Estos seres mágicos tienen mucha fuerza, inteligencia cósmica, y están en continua conexión con la gran energía universal.

Muchos de los seres interestelares de los que hablaré más adelante pueden «ver» esos movimientos vibracionales que crean los delfines astrales, como si fueran cristales fractales de colores que van esparciéndose por todo el Cosmos. Lo mismo ocurre con la intencionalidad y creación de esas vibraciones. Todas ellas tienen un motivo o misión divina, de la que Dios forma parte junto con sus seres cósmicos celestiales.

A tal efecto, el trabajo que realizan con cada vibración tiene repercusión en todo el Universo. Siempre intentan evitar las posibles catástrofes que se puedan ocasionar. Las mareas, por ejemplo, están relacionadas con el resultado que consiguen al crear ciertas vibraciones para lograr armonía y equilibrio en todas las partes en que hay mar. El sonido o ruido de las tormentas viene causado también por ellos para conseguir una resonancia armónica en todo el Cosmos.

Los delfines son capaces por naturaleza de formar una energía plural increíblemente unificada, en la que proyectan enormes olas de luz amorosa y auténtica de la Diosa. El ámbito de estos campos y de los pulsos de energía proyectada es de gran alcance y son muy beneficiosos para la Tierra y para la humanidad. El campo delfín está en resonancia directa con otras dimensiones.

Cuando estos delfines saltan y giran forman gozosos vórtices de energía; y esa energía es generada por el grupo, el colectivo del capullo entero. Su efecto equilibra y eleva a la Tierra. Tales capullos sintonizan la energía de los nodos de poder, y de hecho forman nodos de poder móviles, ubicados en áreas que necesitan ajuste.

El mar tuvo una transformación crucial cuando las vibraciones de los delfines cósmicos se fusionaron con su energía. De esta manera evolucionó a un mar movido, salvaje, inquieto, y otras veces a pausado, calmado y tranquilo, pero sobre todo siempre fluido.

Los océanos cubren la mayor parte de nuestro planeta. Hay increíbles nodos de poder, vórtices y portales dentro de ellos. Los delfines no solamente los mantienen, sino que influyen en estas importantes energías y las amplifican. Uno de los múltiples roles que desempeñan, entre los más importantes, es el anclaje de la luz de las aguas de los océanos, que cubren dos terceras partes de nuestro planeta.

No paran de transmitirme de muchísimas maneras la importancia y la magia que tiene el agua. Hay tantas cosas que desconocemos de este elemento que poco a poco tenemos que empezar a ver más allá de la ciencia. Sus propiedades energéticas pueden ser curativas, armoniosas, sagradas y divinas.

En la antigüedad conocían mejor muchas de las cualidades del agua, como la capacidad de transmisión de información y su cuidado. Bendecían el agua o colocaban aljibes en lugares propicios para conservar o potenciar la vitalidad del agua.

Los médicos del pasado usaban el agua para sanar, pero con el tiempo este tipo de enseñanzas se ha perdido. Últimamente se han empezado a recuperar estos conocimientos, como la homeopatía, con su creador Hahnemann; o las esencias florales, que llevan el nombre de su descubridor, Bach.

El agua recibe la información que le transmitimos por medio de la palabra y el sentimiento, y es importante que estos sean de amor y gratitud. El agua de nuestro cuerpo y del planeta forma cristales puros y vitales que nos dan salud y vida para que nos transmitan energía sutil a las células.

Los cristales que se forman en el agua, si están rodeados de naturaleza, crean unas barritas perfectas y el agua tiende a ser más limpia y pura. En cambio, si la intención de la palabra o el sentimiento es negativa, los cristales salen distorsionados; incluso puede que ni se lleguen a formar.

La delicadeza y sensibilidad del agua es tal que puede ayudar a cambiar la «reactividad» de todos los seres vivos y eliminar energías negativas, como las sustancias tóxicas de los cuerpos físicos. Su valor sagrado va más allá de la vida humana, no por ello menos importante. Nuestra madre Tierra vive con ella y a través de ella y, como bien dijo mi admirado Leonardo da Vinci: «el agua es la sangre de la naturaleza».

11. MI INDIO NATIVO

La magia del agua me sigue sorprendiendo con cada enseñanza que voy recibiendo. Siempre está muy presente en dimensiones superiores. Da igual de dónde o de quién venga, seres cósmicos, interestelares, ángeles, intraterrenos o del mismo Dios o Diosa; el mensaje está en la misma sintonía: el agua sana y da vida.

Hace unos años conecté con algunas vidas pasadas en las que había sido diferentes indios nativos americanos, pero la última vez que conecté con una de esas vidas fue de manera muy distinta. Estaba en una de mis prácticas de formación profesional como *coach* transpersonal cuando me tocaba hacer mis sesiones con un nuevo profesor. Fue ver sus ojos y la energía que desprendían para darme cuenta de que nos conocíamos de antes. Era una sensación de sentirme en casa y conocer a esa persona sin haberla visto nunca. Intenté no mostrar mis emociones para no estropear las sesiones y no perjudicar el trabajo que estábamos realizando.

A lo largo de las sesiones iba descubriendo cada vez más cosas de la relación que tuvimos como indios nativos. Yo me llamaba Sieu y estábamos muy evolucionados en todos los aspectos. Teníamos grandes conocimientos de la naturaleza, las energías y la conexión con nuestro ser, y veía que mi profesor era una india con dotes chamánicos que manejaba todos los elementos de la naturaleza como no lo había visto hasta entonces.

Acompañar y guiar a la gente para potenciar sus dones y recuperar todo lo olvidado se estaba convirtiendo en algo cada vez más interesante, con el añadido del *coaching* transpersonal, pero la enseñanza que me estaba mostrando mi propio Yo superior con las experiencias vividas anteriormente hacía que mis cualidades como *coach* transpersonal y guía espiritual se multiplicaran.

El encuentro con una persona tan importante del pasado venía con un gran mensaje personal que hablaba de la gran sacudida al alma que me esperaba y el aprendizaje que conllevaba el conectar con mi vida pasada como Sieu. El elemento agua se manifestó en una frase que me resonaba continuamente: «*Maah duja e lee e lee duja*». Se repetía constantemente para que me diera cuenta de la importancia que tenía el mensaje para mi alma.

Su interpretación conectó enseguida conmigo y hablaba de la segunda quincena lunar. Parece que antes se tenía muy claro lo que afectaba la luna a las emociones y cómo actuaba la naturaleza por su influencia. El agua se usaba para apaciguar y calmar los fuertes vientos y se invocaba al sol y al cielo para que lloviera.

De nuevo el elemento agua estaba presente en mi vida y se me quedó grabado a fuego que era muy importante beber agua, pero más todavía si nos encontrábamos en el segundo ciclo lunar.

He ido observando el comportamiento energético y emocional de la humanidad en esas quincenas y curiosamente coincide con que hay más catástrofes y que las emociones están más irritables e inestables. Cuando empieza la luna llena y va a luna menguante, la energía de la Tierra está más alterada y acaba más calmada con la entrada de la luna nueva.

La primera quincena lunar es un ciclo de retos, ilusiones y nuevas emociones que empezamos a experimentar como niños. Todo lo que nos va ocurriendo lo vamos recibiendo dentro de nuestro ser con mucha energía. Esos días estamos muy predispuestos para empezar nuevos proyectos y sentimos la vida como un regalo. Nuestra alma absorbe los rayos del sol como un gran impulso de fuerza y vitalidad, y la expresión de «el amanecer se convertirá en nuestra libertad» empieza a tener cada vez más sentido.

Dejando a un lado los ciclos lunares y el agua, me voy a centrar en el elemento de fuego. Las visiones que tuve con él como Sieu fueron mágicas. Desde muy pequeña he tenido fijación con el fuego y cuando me juntaba con otros niños siempre intentaba hacer fogatas. Me hipnotizaba y me sigue atrayendo de una manera fascinante. En la última época de indio nativo lo utilizábamos para hacer diferentes tipos de rituales y así conectar con la energía universal. Asimismo, la enseñanza del fuego iba más allá de una transmisión de sabiduría. Se necesitaba experimentar en la propia alma para transmutar de un estado de ser a otro.

Todo está relacionado cuando hablas de magnetismo, fuego, llama o energía cósmica. La chispa o esencia divina mezclada con la energía va evolucionando y transformándose gracias al fuego y al amor que sentimos en nuestro ser. De esa forma, las vivencias que vamos adquiriendo como humanos van creando varias almas gemelas. En algunas encarnaciones no te encuentras con ellas y en otras, al cruzarte con ellas por el camino, te remueven y te hacen conectar enseguida.

Las almas gemelas tienen mucha complicidad y sincronicidad entre ellas. Suele ser habitual tener inquietudes parecidas o muchas afinidades que te recuerdan su grado de evolución en la vida. Si tienes la suerte de encontrarte con tu alma gemela, la energía te impulsa a aprender de ella y prestar atención a la evolución que tenéis pendiente conjunta e individualmente.

En el caso de estar despierto y que tu alma gemela no lo esté, puede suceder que no entienda nada de lo que vivas y le cuentes. La energía habla por sí sola, pero las evoluciones individuales han podido haber transcurrido de manera totalmente diferente. Entiendo que el primer golpe es fuerte, pero no podemos cambiar muchísimos años de vivencias y emociones rápidamente.

Normalmente las almas gemelas suelen aparecer en nuestras vidas rodeadas de señales. Reencontrarnos con nuestra alma gemela es un impulso de energía y fuego para nuestro ser que sacude a nuestra alma con una frecuencia vibracional de amor difícil de superar.

Hay vidas o experiencias que no van ligadas a ninguna alma gemela; en cambio, otras pueden necesitar de ella; de ser así, el Cosmos hará todo lo posible para que aparezca en tu vida. Tenemos que estar atentos a todas las señales y recibirlas como grandes regalos del Universo.

12. MI PRIMER OVNI

Siempre he tenido curiosidad por descubrir qué se esconde detrás de las grandes nubes. Más allá de esa gran capa azul que nos protege con su atmósfera, había visto muchas fotos referentes al cielo estrellado, ese espacio que se torna de color más oscuro una vez sale de nuestro planeta. Pero, ¿qué se esconde detrás de él?

Tenía nueve años cuando una noche se acentuó, más si cabe, mi interés por las estrellas.

Nos fuimos, como casi todos los fines de semana, a la casa del monte que compartían mis padres con otras familias. En mi pueblo, como en todo el País Vasco, llamamos «sociedades» a locales o casas que se compran entre varias personas para poder hacer grandes comilonas y juntarnos con nuestras familias y amigos. En nuestro caso, además de tener dos comedores, cocina y barra, cada socio o familia disponía de dos habitaciones para poder pasar la noche si quería.

Ese fin de semana nos quedamos a dormir como tantas veces en la sociedad. Esa noche fue diferente debido a que subimos todos juntos a la azotea. Digo diferente porque normalmente no íbamos a la terraza con nuestros padres, y menos de noche. Las veces que nos dirigíamos allí era para jugar con otros niños, trepando a las tejas del tejado, y por supuesto no era un juego como para que los padres lo vieran, pero en esa ocasión, mágicamente, el destino hizo que subiéramos con ellos para mirar el cielo. La noche estaba preciosa, con un cielo limpio lleno de estrellas. No había ninguna nube y a lo lejos conseguíamos ver el mar, cosa que hoy en día es más difícil por toda la vegetación que hay. Justo en ese instante en el que observábamos el cielo, apareció encima nuestro una gran esfera de luz que se detuvo un buen rato. Nadie decía nada, solo observábamos atónitos, sin pestañear, esa gran nave redonda de luz blanca que se había quedado quieta. Yo no miraba a nadie, solo intentaba no perder de vista lo que hacía la nave para memorizar todo lo que mis ojos estaban contemplando. Entonces se me ocurrió abrir la boca para preguntarle a mi madre si estaba viendo lo mismo, pero antes de que dijera la primera sílaba, la nave, a una velocidad vertiginosa, se fue al mar.

Nos miramos y no pudimos decir nada. No estábamos seguros de lo que había ocurrido y nunca nos atrevimos a verbalizarlo.

Pasaron los años y a mí nunca se me quitó esa imagen de la retina. Yo estaba segura de que no estábamos solos en el Universo y ese recuerdo perduraría en mi memoria. Todo ocurre por algo.

Hace un par de años, después de muchísimo tiempo, retomé ese recuerdo en una charla profunda que tuve con mi madre sobre los extraterrestres y saqué el tema. Su descripción de lo que vio fue exactamente tal y como lo viví yo. Pero, entonces, ¿por qué nunca lo comentamos?

Hay temas que todavía sigue dándonos rubor expresar delante de la gente, y este creo que es uno de ellos.

Mi visión de aquel ovni no es lo que me hizo creer en ellos; el Universo es inmenso y hay infinidad de posibilidades para que surja todo tipo de vida. Sigo sin entender cómo el simple hecho de pensar en ellos es tan extraño.

En cualquier caso, yo soy la primera que sigo sorprendiéndome y ampliando mis creencias sobre el Cosmos. Si hace varios años me hubieras preguntado sobre la posibilidad de comunicarme con otro tipo de seres de otras constelaciones me habría parecido algo muy difícil de entender. Hoy en día mi visión ha cambiado totalmente y todo es debido a unos seres interestelares que conectaron conmigo en una de mis meditaciones.

Antes de comunicarme con ellos, mi mente solo comprendía un modo de visualizar a los extraterrestres, y era el que había visto en infinidad de películas: con formas físicas y visibles que fueran tangibles y parecidas a la materia.

Entonces, ¿qué ocurre con todos los seres que tienen una energía sutil y una frecuencia vibracional muy alta? El hecho de que no sean perceptibles para el ojo humano no significa que no estén ahí. Tampoco existe solo una modalidad de comunicación como la de los terrestres, sino que hay sin duda otras, como pueden ser el habla, las señas, el código morse...

Poco a poco he ido adentrándome en ese Universo tan desconocido y repleto de seres magníficos. Estaba preparada para saber más de ellos e iban a tener toda mi atención y respeto para lo que quisieran transmitirme.

13. LOS CASIOPEOS

Hoy es el día en que sigo recordando la primera imagen que vi de los *casiopeos*. Estaban embutidos en un buzo blanco luminoso que los cubría desde la cabeza hasta los pies. Lo que más destacaba en ellos eran las grandes luces rojas que brillaban tanto en su chakra corona como en su chakra corazón.

Entre tanta luz intuía sus miradas escondidas que parecían esperar para enseñarme algo. Fue sentir eso y empezar a recibir una gran variedad de imágenes y voces que no paraban de darme la misma información para que lo tuviera en cuenta.

Al principio estaba aturdida y no entendía cómo se me habían aparecido sin haber hecho nada para comunicarme con ellos, pero sentía que era algo importante. Seguía el camino de Metatrón y algo me decía que él no tardaría en guiarme.

Enseguida sentí una emoción positiva y vital que invadía todo mi cuerpo cuando escuché a Metatrón decirme esta frase: «De ellos depende el futuro de la humanidad». Al escuchar eso, sin perder un instante me puse manos a la obra. Quería apuntar todo lo que me llegaba de ellos para transmitirlo. Nunca antes me habían dicho que la conexión con unos seres fuera tan esencial para los humanos.

Estaba al corriente de todos los movimientos que tenían que sacudirnos como almas humanas en esta nueva era de Acuario. Es indudable que todos los cambios que estamos notando desde el 2020 son para que la naturaleza busque el equilibrio y la armonía para transformar nuestra energía. Pero ¿qué tenían que ver los *casiopeos* con todo esto? Y lo más importante, ¿quiénes son?

Se trata de unos seres interestelares de la constelación de Casiopea, que se encuentran entre la sexta y la séptima dimensión. Lo de interestelares viene porque su parte divina o conciencia divina está fusionada con un cuerpo o aire de luz. Este cuerpo de luz o materia interestelar está formado por los gases y partículas de polvo que hay entre las estrellas y las galaxias. La mayor parte de esta materia no es visible, pero se puede identificar por sus efectos gravitatorios o de atracción en otros cuerpos. Todo el Universo está compuesto de materia interestelar, luz, radiación de fondo y materia oscura.

La constelación de Casiopea se encuentra en el hemisferio norte y es fácilmente reconocible por su forma de W, formada por las cinco estrellas más brillantes: Alpha, Beta, Gamma, Delta y Epsilon Cassiopeiae. Su nombre viene de un personaje de la mitología griega y fue clasificada por el astrónomo griego Ptolomeo en el sigo II después de Cristo. Es una constelación relativamente grande. De las 88 constelaciones catalogadas, solo 24 son más grandes que Casiopea. Actualmente la estrella más brillante de las 157 estrellas que contiene la constelación es Gamma Cassiopeiae. Esta estrella también es conocida por el nombre de Navi y se encuentra a

550 años luz de la Tierra. También se ha confirmado la existencia de planetas en quince estrellas de esta constelación, de los cuales mencionaré alguno en capítulos posteriores.

La primera inquietud que me vino era saber si su raza cósmica era inmortal o eterna. No tardaron en comunicarme que ellos nacieron en la quinta dimensión conectados en la conciencia de unidad y eternidad como todos en el Universo. No obstante, ellos siguen evolucionando sin materia que los separe de la unidad.

Con la experiencia y la evolución que han ido adquiriendo han llegado a subir de dimensión y ahora se encuentran en una frecuencia más elevada, en la que lentamente han ido construyendo su reino o mundo. Su evolución es en grupo, es decir, van integrando las experiencias que van teniendo de manera colectiva.

Todos los *casiopeos* tienen la misma capacidad y visión para entender y vivir las diferentes frecuencias que van recibiendo de otros reinos. Eso sí, tanto ellos como otros seres interestelares están en comunicación continua con su propia biblioteca astral o *registros akhásicos,* que comparten. Esta información que ellos manejan no está incluida en nuestros *registros akhásicos,* ya que no tenemos la misma esencia o evolución. De ahí que el contacto con seres interestelares tenga que ser directo y no a través de nuestros recuerdos o de nuestra conexión espiritual.

El mundo que han construido los *casiopeos* es una gran nave que aparentemente parece un planeta y que está rodeado de diferentes soles o estrellas. Un mundo repleto de grandes, medianas y pequeñas montañas de color verde puro.

Todas ellas están ocupadas por diferentes tipos de cuevas que se pueden apreciar desde fuera. El mar tiene unas olas redondeadas de un color violeta grisáceo con destellos brillantes de colorines.

La verdad es que son unos seres que se relacionan desde el no-juicio y la compasión. Son soñadores, visionarios, muy detallistas y meticulosos. Les gustan mucho los colores y hacer todo poco a poco y con mucha sensibilidad. Quizá su desapego puede hacerles parecer fríos, impersonales o desapasionados, pero saben ver la vida con perspectiva y permanecer en la neutralidad.

Sin embargo, lo mejor estaba por llegar cuando empezaron a transmitirme la misión que tenían para con nosotros y nuestra madre Tierra. En vista de que me hablaban de una colaboración con la humanidad, me fueron comunicando que en un futuro iban a venir a nuestro planeta para vivir y relacionarse con nosotros.

Habían sido llamados para ayudarnos y asistirnos en nuestra evolución. Eso no significa que todas las personas vayan a ser conscientes de su llegada. Debido a que no son visibles a nuestros ojos, serán necesarias la percepción y el desarrollo de nuestras facultades más espirituales para comunicarnos con ellos.

El hecho de que vayan a vivir en nuestro planeta hará que sea más accesible llegar a sus vibraciones energéticas, e incluso verlos en algunos casos. Además, la posibilidad de compartir planeta hará que puedan comprender y vivir más de cerca nuestras inquietudes y emociones. Para los *casiopeos* es un gran reto porque nuestras pasiones les pueden abrumar y la tercera dimensión la sienten muy dual y muy desconectada de la conciencia de la Unidad.

Ellos se recargan en la naturaleza, en soledad, lejos del ruido mental, emocional y físico. Son conscientes de que en nuestra dimensión hemos perdido el sentido de la eternidad del alma, de la comprensión y la sensación de la unidad con el «Todo». Para ellos es un desafío que les hará sentir nuevas experiencias que integrarán en su conciencia, lo que les hará evolucionar y adquirir más sabiduría.

No somos la única misión para estos seres interestelares, pero sí un propósito que abarcará un gran tiempo en sus vidas. Por lo tanto, el compromiso que han adquirido de dedicarnos su tiempo equivaldría, conforme a nuestra percepción, a transformación, entrega, generosidad y una infinidad de emociones relacionadas con el amor.

Este mensaje es una gran noticia para la humanidad porque los *casiopeos* son espiritualmente muy avanzados y una de sus funciones será traer la energía de la iluminación a esta dimensión. Ahora lo único que nos toca es esperar a fortalecernos espiritualmente con todos los cambios que nos está trayendo la nueva era de Acuario y estar atentos a sus señales.

14. LOS REINOS Y LAS DIMENSIONES

En todo momento recurro a hablar de las dimensiones, pero algunas veces nos complicamos al hablar de ellas. Nuestro conocimiento sobre los reinos del Universo es tan limitado que, al coincidir los que conocemos con las dimensiones, la mayoría de las veces no logramos diferenciarlos.

Cuando hablamos de reinos nos estamos refiriendo a los diferentes seres que viven en el Universo. La jerarquía empieza con lo más básico y necesario que nos encontramos en los planetas, que son los minerales. Ellos están los primeros en la lista, seguidos de los vegetales, los animales y las personas.

Los cuatro reinos que conocemos y estamos seguros de que vemos con nuestros ojos físicos serían estos. Además de estos cuatro reinos, vegetal, mineral, animal y «personas», hay más reinos que habitan en diferentes puntos del Universo. La infinidad de seres que puede haber es tal que sería imposible conocerlos a todos. Lo que sí podemos intuir es que hay más vida, sea física o no, en el Cosmos. Nuestro planeta no es el único que puede albergar seres vivos, y tampoco la nuestra es la única forma de vida o luz. A partir del cuarto reino pasaríamos por millones de variedades de reinos hasta llegar a la Fuente, Dios-Diosa o energía universal.

En el caso de las dimensiones, hablamos de la perspectiva, visión o experiencia que se tiene en ese plano o reino. De ahí empieza la primera dimensión con la línea horizontal, donde se encuentran los minerales, en un plano de la Tierra en nuestro caso, o en otros planetas o estrellas. Suelen estar más cerca del campo gravitatorio y en la dimensión más baja. El agua en su estado sólido y líquido también podría considerarse de primera dimensión, y de la fusión con la energía universal es de donde nace toda materia viva.

La segunda dimensión estaría compuesta por dos líneas, vertical y horizontal, desde debajo de la tierra y en vertical hasta arriba, como también puede estar en una línea horizontal por toda la tierra. Ahí nos encontramos con la vegetación, sus raíces, que viven abajo, troncos, hojas, frutas, que suben arriba. Aquí empiezan la creación, la multiplicación y, cómo no, la naturaleza, que es pura magia.

Cada planta, flor, hierba y árbol va generando una energía que, una vez que la materia se marchita y fusiona con la tierra, se queda cooperando con la nueva que va surgiendo.

Los animales están en tercera dimensión, con una perspectiva tridimensional de cubo o esfera que puede moverse e ir de un sitio a otro. Ya no solo sienten y ven el mismo sitio o experimentan la horizontalidad y la verticalidad, sino que empiezan a separarse los unos de los otros viviendo cada experiencia individualmente. El dolor, la fuerza, el amor, la protección, empiezan a manifestarse en cada uno de ellos.

Con la evolución, algunos animales como los monos llegaron a un estadio en el que estaban preparados para recibir la esencia o llama divina para saltar a una dimensión fuera del planeta Tierra, es decir, a una dimensión cósmica. De ahí nació lentamente, con la ayuda de la Diosa, la transformación al ser humano.

Se mezclaba la parte animal o física con la parte divina, y la fusión energética de ambas determinó una nueva perspectiva y experiencia, tanto a nivel físico como espiritual, en cuarta dimensión. Asimismo, cuando el cuerpo físico muere, la energía o alma abandona el cuerpo para seguir evolucionando y adquiriendo más experiencias con la reencarnación u otros estados progresivos.

La cuarta dimensión es la de la emoción, la vibración, el sentimiento, el estado en el que te encuentras con tu alma. De esa manera tu ser de luz puede transitar por la frecuencia que sientas.

Uno de los saltos más grandes que nos encontramos a nivel dimensional es cuando abandonamos la tercera dimensión y volvemos a estar con la conciencia de unidad. En tercera dimensión perdemos el sentido de la eternidad del alma, la comprensión y la unidad del Todo, pero en quinta ya no existe la dualidad y recuperamos la perspectiva de todos los planos. La visión se expande hasta tal punto que te sientes en unidad y vives en esa sintonía.

A partir de la quinta dimensión las perspectivas no terminan y están relacionadas con la evolución constante. En el caso de la sexta dimensión, por ejemplo, cualquier ser de luz empieza a construir en grupo su mundo tal y como lo siente. Son como arquitectos de luz y cada uno de los reinos crea su lugar y hogar. Hay verdaderas maravillas creadas por cada reino. Sin ir más lejos, en nuestra Tierra hay infinidad de paisajes astrales hechos por seres de esas dimensiones. Más adelante me gustaría hablar de uno de ellos por el mensaje que me están transmitiendo desde arriba.

Llegamos a la séptima dimensión, que es la que están a punto de vivir los *casiopeos*. Esa ascensión de sexta a séptima dimensión está relacionada con la evolución y el aprendizaje que quieren o para el cual sienten estar preparados.

Los *casiopeos* van a abandonar su zona de confort, su hogar y su lugar para venir a vivir a la Tierra y aquí enseñar y aprender lo que la energía universal les ofrezca. Es un gran salto para ellos y están dispuestos a asumir ese reto en comunidad y cooperación.

Cada salto evolutivo proporciona una nueva perspectiva dimensional y, como ocurre con los reinos, al final de las dimensiones nos encontramos con el árbol cósmico, que ayuda a mantener en equilibrio todo el Universo, desde el microcosmos hasta el macrocosmos, con esa estructura cósmica divina que hace referencia a los nueve mundos.

En las dimensiones más altas identificamos a los dragones, el elefante, los *elohim*, el ave fénix y los delfines. Todos ellos conectados y en armonía con la gran Fuente o el Todo.

Toda la experiencia y sabiduría del Universo están registradas en esta maravillosa Fuente de luz que está custodiada por el gran elefante. Esta Fuente engloba todo lo que ha ocurrido y ocurrirá en el Cosmos, y dentro de ella hay infinidad de libros que recogen las experiencias de diferentes reinos.

El libro de sabiduría de nuestra alma (los *registros akáshicos*) está disponible para que todos los humanos puedan entrar en él y leerlo. Muchos de nosotros hemos accedido a él para poder seguir aprendiendo de nuestra esencia, aunque la mayoría de las veces se hace muy complicado entenderlo sin ayuda de algún ser más evolucionado y sabio.

Fuera de nuestro reino hay infinidad de datos no disponibles para nosotros. Nuestro libro es inmenso y el tener opción a leerlos sería muy perjudicial para nosotros. Otra cosa es que según la evolución que tengas, otros reinos vean que pueden transmitirte alguna información para alguna misión en concreto. El aprendizaje que ahora estoy compartiendo contigo es muy importante para nuestro crecimiento espiritual.

15. LA FLOR GALÁCTICA

Muchas veces me ha ocurrido el hablar con algunas personas que quieren ver y conectar con *El libro de sabiduría de nuestra alma*, pero no es algo sencillo ya que hay una serie de cosas que hay que tener en cuenta.

Lo primero y más importante es saber que estos datos están custodiados para asegurarse de que nadie acceda a ellos con malas intenciones. No podemos entrar en los registros de otra persona sin su permiso para que no modifiquemos nada de la historia de su alma, algo que está muy bien protegido. Podemos sentirnos tranquilos puesto que un gran Consejo de luz vigila y resguarda esta gran biblioteca de luz.

El guardián supremo de los *registros akáshicos* es el arcángel Metatrón y junto a él trabajan una infinidad de seres de luz que custodian dicha información. Metatrón está a cargo de supervisar los *registros akáshicos* y nos ayuda a entender la información más apropiada para lo que estemos viviendo. Además equilibra nuestros chakras y eleva nuestra frecuencia vibracional para poder usar nuestros dones y talentos para el bien en común.

Los custodios de los registros son seres ascendidos que irradian la más pura energía, amor y compasión. Son los encargados de guiar y proteger a todos los que ingresen en los registros con intenciones piadosas, mostrándoles la información más relevante que necesitan. Asimismo, son guías espirituales que te revelan ciertas vidas pasadas o te explican lo que está sucediendo para una mejor evolución. Ellos se adaptan a cada persona para poder mostrarle la información de manera mucho más fácil.

Puedo contaros que yo he tenido la ocasión de entrar en los *registros akáshicos* a través de una puerta dimensional que se ha abierto en Perceval. Un pueblo mágico que todavía siento que no está preparado para ser descubierto y cuyo nombre solo podré desvelar cuando lo esté.

Además de esta puerta dimensional se están abriendo otras en diferentes puntos del mundo. Parece ser que en cada era astral van cambiando y creándose nuevas puertas. En cada una de ellas se generan diferentes puntos de energía en las que el acceso a otros planos es mucho más fácil. Por todo ello, enseguida fui consciente de que la puerta que abrimos en Perceval no solo era física, sino que estábamos llamados a activar toda esa gran energía en aquel sitio.

La vivencia que tuve la compartí con mi amigo Jon. Los dos pudimos sentir y ver en primera persona cómo era todo lo referente a los *registros akáshicos*. Vimos una nave espectacular que incluía todo tipo de tecnología avanzada con la que irradiaba una luz cegadora. Si la mirábamos bien era una «flor galáctica» dorada con luces de colores; azul, lila, granate y blanca. Toda la flor estaba rodeada de una llama violeta. Las formas que tenía eran muy diferentes en cada lado; no había una parte que fuera igual a otra.

Antes de entrar en la nave sentimos la inmensidad de lo que estábamos viviendo. Estábamos prometiendo guardar el «sello sagrado galáctico» con respeto, bondad y cuidado. Solo el hecho de poder verlo te daba la sensación de estar descubriendo algo secreto y sagrado. Todo era mágico en aquella nave, pero el sentimiento que más nos enganchaba era la sensación de cuidado, protección y misterio que envolvía a aquel sitio.

Una vez dentro, pudimos ver a los guardianes que iban caminando lentamente, en calma y equilibrio con las dos palmas unidas delante del pecho y los dedos extendidos apuntando hacia arriba, en gesto de oración. Se apreciaba el ritual al que están unidos formando una hermandad y cómo rodeaban una gran tumba escultórica que yacía en el centro. Varios de ellos pronunciaron la frase «la sabiduría de la muerte» para que fuéramos conscientes de la información que protegían y guardaban sobre la eternidad, la inmortalidad y lo que ocurría después de la muerte.

Ahí me di cuenta de que a cada persona le llega la proyección de esa energía de luz según la frecuencia vibracional y la evolución que tenga. Jon sintió a los custodios con una túnica blanca, mientras que yo los visualicé con una túnica granate y ribetes de color dorado. A pesar de los diferentes colores, los dos pudimos sentir el respeto, la protección, el amor, la entrega, la sabiduría y lo sagrado del sitio que custodiaban. Éramos muy conscientes de lo que nos estaban mostrando y de la enseñanza que nos estaba llegando. Nos sentíamos muy agradecidos por la oportunidad que nos estaban ofreciendo.

Si tuviera que describir aquel lugar, era como un gran palacio ilustre con infinidad de salones, salas y auditorios con grandes columnas señoriales. La tapicería estaba ilustrada con magníficas historias y las escaleras con las que te topabas eran de diferentes formas y posiciones. Las lámparas y luces estaban acompañadas en cada rincón de velas y candelabros, cada uno fortaleciendo el misterio que lo envolvía con la iluminación que se merecía. Las vidrieras en las ventanas me recordaban a algunas de las mejores catedrales de nuestro planeta, pero lo que más me chocó y me hizo pensar fue el suelo, que destacaba en las entradas principales para cruzar los grandes salones.

Supongo que no tiene nada raro ver un suelo de mármol en damero o ajedrez, pero sí había más que un diseño en lo que querían transmitirnos con él. Todo en la nave de la «flor galáctica» tenía un porqué y una simbología; siempre he tenido claro que las señales son lo primero que hay que tener en cuenta. Cada cosa que veía tenía un trasfondo, empezando por la nave y hasta la propia vestimenta.

El mensaje del suelo de ajedrez era una representación de la arquetípica batalla entre el bien y el mal, es decir, si el ser humano realiza buenas acciones le irá bien, y si realiza malas jugadas, le irá mal. Transmitía muchas enseñanzas como la paciencia, la confianza, la disciplina, y una de ellas era que la victoria sería consecuencia del esfuerzo y los aciertos propios, así como la derrota también sería consecuencia de los errores propios.

Siguiendo con *El libro de sabiduría de nuestra alma*, no quiero dejar de mencionar la gran labor que hacen todos los guías, maestros, ángeles y arcángeles cuando nos traen gran cantidad de información de él, para ayudarnos con nuestro propio crecimiento espiritual o incluso en el desarrollo personal.

Estamos rodeados de seres de luz con los que continuamente estamos en contacto, aunque muchas personas estén desconectadas de su parte divina. Esa parte que nos recuerda el ser de luz que somos y la posibilidad que disponemos de conectar con ella o con nuestro «Yo superior», como lo denominan muchos.

16. UNA MISIÓN COLECTIVA

El «sello sagrado galáctico» se conecta automáticamente con cada ser que entra en los *registros akáshicos* y, por lo tanto, no hay ningún fragmento de información que no esté preparado para salir a la luz. Lo tengo muy presente y quiero contarte la misión colectiva que nos transmitieron sobre un maravilloso paisaje astral que vimos Jon y yo.

Llevábamos tiempo recibiendo mensajes provenientes de Orleans, ciudad ubicada a orillas del río Loira en la zona central de Francia. Nos llegaban señales de todo tipo de allí y también mensajes de texto de gente que no conocíamos que justamente eran de esa zona. Además, las recurrentes imágenes que yo veía de bosques verdes, con cascadas y riachuelos preciosos, siempre estaban relacionadas con una ciudad astral de la zona y enseguida empecé a conectar con energía verde que me invadía el cuerpo.

En la nave de la «flor galáctica» que visitamos nos entregaron valiosa información sobre un país subterráneo que se encuentra en la catedral de la Santa Cruz de Orleans, donde viven seres avanzados de luz en sexta dimensión. Ahí han construido un mundo astral en el que viven en armonía, amor y paz. Mucha gente habla de los diferentes seres intraterrenos que habitan en el mundo y las filosofías que tiene cada cual, pero tal y como nos lo transmitieron, era hora de que la humanidad empezara a resonar con la energía verde de estos seres.

Hay muchos mundos astrales con diferentes seres y dimensiones. La mayoría han ido evolucionando poco a poco para estar por encima de la sexta dimensión. Como ocurre con los seres interestelares, los saltos dimensionales más rápidos vienen de grandes cambios de lugares u hogar, debido a lo cual muchos se mantienen en la perspectiva o vivencia dimensional de que están sujetos a un lugar.

Parece algo sencillo, pero la transmutación de un ser necesita muchas experiencias y un entorno colectivo en el que la conciencia de unidad predomine, el cual requiere de nuevas energías para seguir evolucionando. Dicho de otra manera, sería como una familia que acoge a alguien de otro país en su unidad familiar o un grupo de amigos que integra a una amistad nueva que proviene de otra cultura.

Toda interacción nueva trae de vuelta algo diferente a la esencia, pero para que esto suceda dicha savia primero tiene que existir en la mente de la gente. Ha llegado la hora de abrir nuestra mente y conocer a estos seres maravillosos que están muy cerca de nosotros.

Ellos llevan más de 3000 años creando y construyendo su reino en la parte subterránea de Orleans. Hay información, pero todavía no era el momento para hablar de ellos. En cambio ahora están preparados para que los conozcamos y más abiertos para recibir a todo aquel que resuene con ellos.

Seguramente muchas familias de vidas pasadas que hemos tenido han ido evolucionando con ellos. Yo he visto a varias de ellas en ese reino y la sensación de amor y bienestar que transmiten es indescriptible.

Esta civilización vivió hace 2000 años a. C. en la actual Francia hasta el 1500 a. C. Antes de llegar a sexta dimensión tuvieron su experiencia humana de tercera y cuarta dimensión en la Tierra. Si bien ellos tenían unas creencias y filosofías muy espirituales, portaban reminiscencias de tribus celtas. Estaban muy avanzados en cuanto a la conexión con la naturaleza y sabían escuchar a su ser interior. Una vez que dejaron el mundo tridimensional trabajaron en unidad en quinta dimensión y a partir de ahí empezaron a forjar su reino tal y como ellos sentían y querían que fuera su hogar en sexta dimensión.

«Guonakin» es el nombre que utilizan para referirse a su ciudad, puesto que su civilización se llamaba «Guona» y a su vez este término derivó hasta concebir su reino en el plano astral. En Guonakin hay seres de diferentes apariencias, con cabelleras rubias, morenas, pelirrojas y edades muy variadas. La razón por la que están en la zona de Orleans es porque en nuestro planeta hay puntos estratégicos en los que se concentran movimientos vibracionales de mucha energía, y esa fuerza les ayuda a fluir con la energía universal. De esta manera se sienten más cerca de Dios o Conciencia cósmica para comunicarse directamente y así vivir en armonía, paz y amor.

La primera vez que visualicé el reino de Guonakin me recordó mucho a la zona del Baztán de Navarra. Está lleno de hermosos montes verdes repletos de árboles, hierbas y plantas de diferentes tonalidades de color verde. Los ríos y las cascadas que hay en cada rincón son de un agua turquesa transparente y brillante, pero con la diferencia de que desembocan en luminosos mares de color lila. El verde es la esencia de la energía de los *guonas* y siempre que inicias la comunicación con ellos esa vibración te empieza a invadir con mucha fuerza.

Los bosques están plagados de flores de todos los colores que se agrupan en formas cuadradas. La luz, con su brillo y destello, ilumina cada escondrijo, por lo que no hay zonas oscuras. De la misma manera, los *guonas* viven en cabañas hechas de madera o en una especie de cuevas o túneles de piedra construidas a diferentes alturas. Les gusta observar las montañas desde arriba para tener mejores vistas y sentirse en paz.

Pese a que el dinero no existe en la ciudad de Guonakin, los *guonas* construyen, cuidan, organizan y trabajan en diferentes mercadillos, ofreciendo todo tipo de creaciones artesanales. Adoran cultivar las relaciones sociales y son muy extrovertidos.

Los animales tienen cabida en su ciudad. Los felinos son los que más destacan y es frecuente ver pasear a los gatos o en cada árbol encontrarte con un tigre.

La ciudad de Guonakin es un lugar espiritual y energético abierto a cualquier ser del mundo; en él no solo habitan las personas que han vivido en la zona de Francia o en Europa. Son seres intraterrenos que están evolucionando poco a poco con la experiencia y sabiduría de la nueva energía que está llegando, aunque ellos están tranquilos con lo que conocen y llevan tiempo estancados. No quieren salir de su zona de confort y conocer otros mundos.

La energía universal está en continuo movimiento y les está guiando para que sigan avanzando y acercándose a las dimensiones más elevadas. La Diosa nos está transmitiendo una misión colectiva para que los nuevos que lleguen a Guonakin compartan sus inquietudes y así ellos puedan poco a poco quitarles el velo y se animen a ir a otros lugares del Cosmos.

17. GUONAKIN

A lo largo de los años ha habido muchas revelaciones de los *guonas* a diferentes personas. A través de imágenes, voces, sonidos, sueños lúcidos o sensaciones han mantenido contacto con ellos. Incluso muchos de ellos decidieron formar parte de la ciudad de Guonakin. Algunos optaron estar ahí para sentirse cerca de sus familiares y otros sencillamente por estar en la misma frecuencia vibracional o sintonía que los *guonas*.

En la era digital tenemos más información de gente que canaliza, contacta o se comunica con el más allá. Internet nos ayuda a poder intercambiar información y que todo quede registrado en la gran nube. Antes, a no ser que fueras alguien que tuviera oportunidad de pintar, escribir o divulgar de alguna manera tu filosofía o vida, todo quedaba sin huella.

Uno de los personajes históricos que más relación tuvo con los *guonas* fue santa Matilde de Hackeborn, una monja cisterciense mística también conocida como Matilde de Helfta y santa Mectildis.

Matilde tenía siete años cuando acompañó a su madre a una visita al monasterio de Rodarsdorf, muy próximo al castillo de su familia. En ese monasterio tenía una hermana, Gertrudis la Magna, que fundó el monasterio de Helfta en terrenos procedentes de su propia familia y Matilde la acompañó.

Matilde era cantora del convento, cantaba magníficamente, y también tenía una gran capacidad para conectar con otras dimensiones, entre ellas los *guonas*.

Un día Matilde se dio cuenta de que su discípula Gertrudis había estado confeccionando un libro con las cosas que ella le enseñaba y contaba. Al principio se alarmó, pero al consultar con la Conciencia cósmica esta le indicó que Gertrudis estaba cumpliendo con su misión.

Santa Gertrudis de Helfta escribió muchas cosas de Matilde y cómo conectaba con el más allá, aunque en ese libro no aparece la ciudad de Guonakin, pero sí la esencia del amor, que es la energía universal o Dios.

La relación de Matilde con los *guonas* no podía pasar desapercibida en el mundo y la energía universal hizo que más adelante el poeta Dante Alighieri escribiera *La divina comedia*, un poema épico que unía la cultura y el espíritu de la Edad Media, y en el que Matilde aparecía.

Dante la presenta como una mujer divina y bella que cantaba y recogía flores. Una imagen muy frecuente en Guonakin, donde la música, la belleza, la luz, la divinidad, las flores y la naturaleza están presentes por todas partes. Matilde se ofrece como guía e intérprete de secretos espirituales al poeta. Curiosamente, la presencia e interacción de Matilde dura hasta el (último) canto 33, uno de los números más poderosos del Cosmos.

En el poema hay muchas similitudes con el viaje que transitan los humanos para ir a la ciudad de Guonakin. En la primera parte, Dante retrata la adquisición de las experiencias y sus problemas, y cómo después se llega a una tierra desconocida, donde hay esperanza. Ahí el viajero es acompañado por diferentes guías, y en este caso aparece Matilde, gran conocedora de la conexión con los *guonas*. La felicidad y la sabiduría humanas están representadas a través suyo, que se encuentra en ese paraíso terrenal inspirado en la ciudad de Guonakin, un lugar donde los humanos encuentran la paz y la alegría al final de su camino.

A pesar de que la felicidad y la esperanza pueden llegar de un lugar desconocido como el reino de Guonakin, si prestamos atención a la misión colectiva, esta está más próxima a la tercera parte de *La divina comedia,* que hace referencia al Paraíso, a la plenitud de la luz, a la contemplación divina y a la total armonía cuando sigues caminando y avanzando hasta llegar a las dimensiones más altas, que es donde se encuentra la Diosa.

La magia de la energía universal es tal que todas las almas estamos tejidas en una red astral. La vibración de uno afecta al otro, y así sucesivamente, pero cuando se trata del Plan divino no hay tiempo ni espacio para que se entienda de manera racional, y todo parece que sucede espontáneamente. El pintor Pieter Brueghel el Viejo conectó con esa magia e hizo una gran obra que retrató la esencia de los hogares de los *guonas*.

La construcción de la Torre de Babel fue para Dante una gran referencia en que inspirarse cuando creó *La divina comedia*. Una edificación mencionada en la Biblia, que se dice que fue construida por los hombres para alcanzar el Cielo.

Pieter Brueghel, considerado como una de las cuatro grandes figuras de la pintura flamenca, realizó el cuadro de *La torre de Babel,* en la que representó la historia de la diversidad lingüística de nuestro planeta. Lo mismo ocurre en la ciudad de Guonakin, donde hay seres que vienen de todas partes del mundo y conviven en armonía.

La torre de Babel. Pieter Brueghel, 1563. Fuente: Wikipedia.

Los hogares de los *guonas,* al igual que la torre pintada por Brueghel, están construidos en espiral ascendente, con planta circular y portones, y piedras idénticas a las que el pintor flamenco retrató en su cuadro.

Es evidente que los hogares que visualicé en la «flor galáctica» también fueron recibidos por todos ellos, tal y como me indica Metatrón. Sin embargo, no solo Matilde, Dante o Brueghel tuvieron ocasión de visitar a los *guonas.* Juana de

Arco, considerada doncella de Orleans, tuvo muchas ocasiones de contactar con ellos y con más gente que no es conocida en nuestra historia.

Una de las preguntas que me hice al conocer a los *guonas* fue sobre el origen de su civilización en la Tierra. Son muchos los años transcurridos como para tener huellas de todos los habitantes de nuestro planeta, y más aún cuando después ha habido otros que han destrozado y cambiado todo de aquellos lugares. Aun así me indicaron que las ruinas que hay en el yacimiento arqueológico de Fourvière, en la ciudad de Lyon, es una zona donde habitaron.

Lamentablemente los vestigios de la ciudad romana taparon todo lo referente a los *guonas*. Ahora hay un jardín arqueológico que se extiende en la mayor parte de la zona. No obstante, me siguen animando a que estemos atentos a los secretos que se guardan de los *guonas* en ciertas piedras o incluso en algunas catacumbas.

18. EL NÚMERO 55

Atenta es lo que intento estar con las señales o con cualquier cosa que suceda y que me haga sentir algo en mi ser. Después de mi despertar he sido más consciente de la importancia que tienen, pero todavía hay muchas cosas que en el día a día se me pasan o a las que no presto todo el cuidado que merecen.

Nuestros guías y ángeles están junto a nosotros en cada etapa de nuestra vida, y van cambiando según el aprendizaje que tengamos, y por eso intentan guiarnos y acompañarnos en el camino de nuestra evolución.

En este aspecto, en los últimos años no paraban de aparecérseme los números maestros por todas partes. El 55 empezó a mostrarse en diferentes sitios y modalidades, como a la hora de despertarme sin que sonara el despertador, a las 5:55 de la madrugada, en las matrículas de los coches y en los carteles o en la publicidad. Todo esto, acompañado de una vocecita que me decía «Despierta, estamos aquí», fue lo que me hizo prestar más cuidado al mensaje.

Metatrón me estaba anunciando los cambios que venían para tener un mayor alineamiento con el propósito de mi alma y me guiaba en el crecimiento, a darme cuenta de ciertas cosas que no había notado hasta ahora, a recordarme que soy un ser infinito divino que eligió encarnar aquí en la Tierra para experimentar la vida en forma humana con la expansión y conexión con nuevos seres de otras dimensiones.

No era la primera vez que la unión con el Cosmos se me aparecía tan directamente. Justamente, mi inicio en el camino a la luz comenzó con el cometa Ison en el 2012 cuando nuestro planeta entraba en una gran transición para empezar definitivamente la nueva era, el año 2020.

Ison se mostró con todas las letras para que siguiera y estuviera pendiente de todos los arcángeles que representan a Metatrón. Era el llamado para el cambio que se avecinaba y para conocer la ayuda de la que íbamos a disponer de todos los seres de luz.

Recuerdo como si fuera ayer la gran energía que recibí de todos ellos, mostrándome lo valiosa que era para toda la humanidad en la época en que nos encontrábamos. Esos primeros años de la transición en la Tierra fueron muy duros para mí, ya que no conseguía encontrar el equilibrio tanto a nivel físico como anímico. Mi cuerpo no conseguía adaptarse a los nuevos cambios que estaban operando en el planeta; no era consciente de lo que sucedía y tuve que dar muchas vueltas.

Unos años más tarde, a mediados de agosto del 2015, de nuevo una serie de acontecimientos empezaron a manifestarse en mi cuerpo. Mi menstruación no paraba de desbordarse compulsivamente, dejando mi energía por los suelos. No conseguía controlarlo y estuve así hasta mi cumpleaños, que es el 28 de septiembre.

Años más tarde fui consciente de que una vez más el Cosmos y mi alma estaban conectados. La noche del 27 de septiembre y la madrugada del 28 de septiembre del 2015, la luna se vestía de rojo en un eclipse total denominado «luna roja» o «luna de sangre». Una fecha con fuertes cambios ya que la luna es la que da movimiento a nuestro campo gravitacional, tanto en nuestro cuerpo físico como energético. Su unión dejaba el mismo color que nuestra agua, esa agua que nos une a todos los humanos y que es la sangre, y cuya información y potencial tienen que despertar.

Parece ser que no se repetirán las mismas condiciones de la mayor luna del año, «súperluna», y el eclipse de luna hasta el 2033 (otro número maestro que tiene una grandísima importancia). El anterior eclipse total de luna con «súperluna» se produjo en el 1982, una fecha muy señalada en mi infancia, ya que marcó toda mi vida por la partida de mi hermano pequeño al más allá.

Es evidente que las casualidades no existen y que todo el macrocosmos está conectado con nuestro microcosmos. Por todo ello empecé a conectar con el Cosmos para dejarme llevar y seguir a la voz que escuchaba. Esa misma voz me decía que estaba preparada y de pronto comencé a visualizar a tres seres diferentes uno a uno.

El primero tenía una apariencia bastante parecida a la nuestra. El segundo ser tenía una fisonomía muy diferente, un aspecto femenino poderoso y elegante, pero el tercero me descolocó bastante cuando vi que era un dragón que me hablaba de mi hijo con un tono muy raro. A pesar de la diferente apariencia y de romper todos mis esquemas, confié en el amor que me transmitían y seguí dejándome llevar a los mundos que me querían enseñar.

Poco a poco fui entrando en sus universos, tan diferentes al nuestro... Ese número 55 me llevó a conectar con el Universo y a aprender todo lo que estaban dispuestos a mostrarme y enseñarme. Pese a que los números maestros tienen un significado genérico para todos, depende mucho de la evolución espiritual de cada persona el que revelen un mensaje u otro. Estaba dispuesta a entrar y explorar todo lo que mi frecuencia vibracional estuviera preparada a asimilar.

19. LOS ELAXAS

De los primeros seres con los que entablé comunicación aprendí que son también seres interestelares como los *casiopeos*, pero en este caso la dimensión en la que se encontraban estaba entre la octava y la novena.

Su imagen se me apareció lentamente como si entre varios seres formaran una figura de hombre con la piel de color azul, barba larga, nariz prominente, pelo muy corto y párpados de un color azul verdoso. Estaban vestidos con un traje naranja parecido al que llevaban los primeros astronautas. Ellos pueden mostrarse con la apariencia que quieran según con quién se comuniquen.

El nombre del avatar con el que se presentaron todos unidos fue el de Elaxa y su procedencia era la constelación de Pegasus o Pegaso. En estos momentos se encuentran en una nueva misión. Llevan casi dos eras viviendo en una constelación llamada Ayesa, que está ubicada más allá de la estrella Ícaro y que nuestra tecnología todavía no ha alcanzado.

Los *elaxas* saben mucho de tecnología y tienen una gran capacidad para transformarse, evolucionar y transmutar. Son seres muy avanzados con una gran bondad y amor.

Con ellos sientes como que estás en casa por su calidez, familiaridad, cuidado y protección.

Siempre están dispuestos a ayudar y servir. Se apoyan y ayudan los unos a los otros hasta la eternidad. Se hacen la vida más fácil buscando la parte práctica. Se sienten muy afortunados y agradecidos por haber evolucionado y aprendido tanto.

Ellos son grandes conocedores de la estructura que une a todos los planetas y estrellas del Universo. Observan los movimientos vibracionales de la energía universal y saben qué efecto tiene cada vibración para la armonía del Universo. Conectan con la Conciencia cósmica y están atentos a todo lo que les transmiten dentro del Plan divino. De esta manera consiguen llenarse de luz, paz, amor y protección. Trabajan en cooperación y unidad compartiendo toda su sabiduría y experiencia entre ellos. Por esta razón van aprendiendo, viviendo y transformándose conjuntamente en la dirección que los guían.

Todos los seres interestelares conectan con la abundancia que está en el Universo. Estar en el presente, en el momento y en el ahora te une a ella y sobre todo si estás contigo mismo.

El Universo está lleno de colores, geometrías y planos diferentes y todas las conciencias pueden llegar a ser multidimensionales si trabajan con ellas mismas, con su ser.

Los *elaxas* pueden estar en muchos sitios y ver los diferentes planos desde el sitio en el que se encuentran. Trabajan con la luz creando símbolos para guiar a los que estén perdidos y estancados en su evolución y así llevarlos a la multidimensionalidad para obtener armonía y paz.

Crean señales o se manifiestan para que los vean con la ayuda de la luz del sol o las estrellas. Son unos grandes artistas y saben aprovechar la luz de las estrellas para ello. Manejan bien todo lo relacionado con el sol, los rayos y las luces. Los dibujos que realizan con la luz los hacen a través de su energía y, dependiendo del desgaste que tengan en el momento, pueden hacer símbolos más esmerados y con más vitalidad o no.

Los *elaxas,* al igual que cualquier ser del Universo, tienen momentos más o menos enérgicos según todo lo que hayan trabajado; eso sí, ellos saben prestar atención a su energía para no malgastarla y recargarse de nuevo.

El reino de los *elaxas* está compuesto por una nave grande, que es como su planeta o mundo y que se llama «Shayla». Es una ballena y viven encima de ella, en el agua; todo es astral. El agua es esencial para ellos; es vida y buena para todo el Universo.

Al estar en una dimensión octava/novena pueden crear o proyectar cualquier cosa que quieran. Crearon Shayla porque les gusta todo lo relacionado con la vida marina. La ballena les parece grande y similar a un barco, para poder navegar por el agua y por todo el espacio.

Construyeron Shayla antes de llegar a la constelación de Ayesa y ha ido evolucionando con ellos. Primero era una nave y poco a poco ha ido cogiendo más vida. En ella hay mucha vegetación, calor y amor, y no falta la magia de la luz. Tienen jardines verdes con cascadas, piscinas naturales, flores de colores y nubes de colchones de asientos en la nave.

Shayla parece un barco, pero es una ballena por cómo se ve a nivel astral y se mueve en el espacio. Ella recibe energía de toda la vida marina del Universo y de toda la energía que hay debajo del mar en todos los planetas. Está conectada con la energía marina del Universo, de todos sus peces, tortugas, ballenas, etc.

Shayla es una ballena con energía de ballena y algunas veces llena de agua todo el planeta. Esto a los *elaxas* les gusta mucho, puesto que así pueden o bien nadar o andar. Todo en los *elaxas* es azul... lo marino, su piel, su energía, su hogar... Nacieron y se crearon así.

Ahora los *elaxas* se encuentran en la constelación Ayesa en una misión. Exactamente están en el planeta Pohun, pero echan de menos su origen, de donde vienen... la energía de las estrellas de Pegasus. Se fueron con su nave, con su ballena, y añoran la paz que tenían debido a que en el planeta donde se encuentran ahora hay muchos problemas. Un asteroide pasa cerca del planeta Pohun de forma constante, y cada vez que lo hace los trastoca, tanto a los *elaxas* como a los habitantes del planeta.

El planeta se creó poco a poco. Primero había hielo y luego se fue deshelando y el planeta empezó con la tierra, el agua, la vegetación y los animales.

Los *elaxas* están preocupados por sus habitantes y quieren ayudarlos a evolucionar. Uno de los trabajos que están realizando en el planeta Pohun es mandar diferentes mensajes en figuras geométricas realizadas con luz. Al tener cinco soles, tienen más variedad energética y hacen verdaderas maravillas.

La energía que hay en la constelación de Ayesa los ayuda a adquirir nuevas experiencias de todo lo que habita ahí. Paulatinamente, su influencia va llegando a los moradores del planeta. Su propósito con los *pohun* es que sanen su planeta y entren en su interior para encontrar la luz que tienen dentro.

Los *elaxas* se transforman como pueden para llegar a ellos y los tratan con mucha dulzura, cuidándolos como si fueran niños, con respeto, guiándolos y enseñándoles. Los guían para que exploren dentro de su ser y entren en el pozo de su alma para que así puedan conocerse mejor y ver la conexión que tienen con el Cosmos.

Los *pohun* están menos evolucionados que nosotros en la Tierra, pero los *elaxas* les están enseñando a llevar su cuerpo a ser personas. De este modo podrán llevar un orden y un equilibrio en sus nuevos cuerpos y aprender a protegerse y cuidarse de las adversidades.

20. LOS POHUN

La primera imagen que tengo del planeta Pohun es de color azul. Su forma es un caleidoscopio fractal, lleno de luces led brillantes que parpadean sin parar; y su luz, una gran ráfaga de pura energía que te eleva.

De esta manera me recibía el portal de estrellas de la constelación de Ayesa, iluminando todo el espacio.

Una vez dentro, el prisma cambia a otros colores. La realidad y la tridimensionalidad de la materia se torna en una variedad de colores y posibilidades.

Las montañas, pequeñas, grandes, medianas, están repletas de enormes árboles, y en ellas la naturaleza se hace abrupta y fuerte. Sus ríos se comunican entre sí y fluyen libremente con vitalidad. El mar, inmenso y transparente, varía con las diferentes mareas que van y vienen.

Hasta aquí podría decir que no hay mucho contraste con la Tierra, pero, y si te dijera que la luz que hay allí se quintuplica con respecto a la nuestra, ¿qué pensarías?

Esa es la grandeza de Pohun; sus cinco soles anaranjados. Cinco atardeceres, amaneceres... cinco fuerzas de calor que te abrasan... cinco luces que te iluminan, manteniendo el planeta siempre de día... Cinco poderosas energías.

Teniendo en cuenta la temperatura que se alcanza en Pohun, es evidente que sus habitantes tienen el cuerpo preparado para vivir en él. Los *pohun* vienen de la evolución de los lagartos y por ello tienen la piel preparada para soportar grandes temperaturas. Tienen una gran mente, energía y fisonomía para poder comunicarse entre sí, aunque todavía están muy lejos de utilizar todo su potencial en la conexión con el Cosmos.

Si el azul es el color que representa todo su universo astral, el naranja sería el que definiría la parte más tangible y física del planeta. Tal es su influencia que los huevos que ponen los *pohun* para reproducirse son de color anaranjado.

Los *elaxas,* a la hora de proyectarse y comunicarse con ellos adoptan su misma fisonomía. Tienen mente, cuerpo y divinidad interestelar, que es una especie de conciencia divina con la que pueden conectar con el Cosmos, aunque la gran mayoría de ellos no lo sepa.

Si le preguntas a un *pohun* que es lo más importante para ellos, seguramente te contestaría que la comida. Harían cualquier cosa por conseguirla o tenerla. Lo siguiente sería la familia, a la que protegen, y es algo que tienen muy en cuenta. Pueden ser muchísimos en cada familia y el color que representa a las familias es el rosa. Algunas veces, cuando hay mucho polvo, para resguardarse se ponen mascarillas de ese color.

Los *pohun* viven en sitios pequeños, uno al lado del otro, y les gusta estar como las lagartijas al sol. Son anaranjados y se ponen de color magenta cuando les da el sol. Los que están más morenos están de color magenta. Viven en los árboles, pero no en los altos y grandes. Diferencian un árbol del otro según la copa que tengan y descansan en la base del tronco.

Tienen mascotas y las suelen tener atadas a un árbol. Son una especie de caracol más grande que el nuestro. Aparte de esos árboles medianos, hay otros muy grandes y altos que dan unos frutos que utilizan para hacer bebidas de diferentes colores y sabores. Para subir a ellos utilizan escaleras que han construido artesanalmente.

En lo referente a la alimentación, los *pohun* pueden comer mucho y en cantidades grandiosas. El pescado es lo más cotizado y se pegan los unos a los otros para pescar. Lo cocinan y enseñan a los demás para compartir con la familia. Piensan que si le quitan la vida a un pez grande son más valientes.

Una especie parecida a la beluga es el pescado más apreciado porque lo consideran muy astuto e inteligente y así se sienten más poderosos. También hay una especie de animal de tierra de tamaño mediano que no tiene pies y anda como un gusano que suelen comerse como si fuera fruta porque es muy acuoso, ligero y digestivo.

Tratan muy mal a la mayoría de los animales porque se entretienen con ellos haciéndoles sufrir para su propia diversión. Les ponen fuegos, petardos y diferentes cosas para ver cómo reaccionan.

Los *pohun* pueden llegar a utilizarse incluso entre ellos para su propio beneficio. Se pueden hacer daño si eso les viene bien. Si uno de ellos entorpece su camino prescinden enseguida de él. Además de eso, tienen una manera curiosa de disfrutar con las cáscaras de los árboles, debido a que sueltan una sustancia parecida a nuestro alcohol que al inhalarlo los emborracha y por ello destrozan las cortezas de los árboles con sus garras y van quitándoles trozos hasta perder el conocimiento.

Los *elaxas* son conscientes del trabajo que tienen con ellos, pero trabajan mucho con su parte divina. A pesar de ello, los *pohun* destruyen, sin darles ningún valor, todas las señales y piedras sagradas que se han ido creando desde la energía universal.

Sin embargo los *elaxas* confían plenamente en el alma de los *pohun* mostrándome lo transmutables que pueden ser y la transformación que se va operando en ellos para que paulatinamente sean más compasivos. Hay animales con los que se enternecen y que les producen más calidez y humanidad. Asimismo, los *pohun* están conectados con la naturaleza y eso les hace conectar con la energía universal. Ven la naturaleza como parte de sí y ellos forman parte de la naturaleza.

Cuando alguien muere, lo embadurnan de tierra para que sea parte de ella, de la tierra. La parte divina o conciencia se reencarna o no, pero cada trozo de tierra es del fallecido, de su naturaleza. Cuando dejan ese cuerpo que pertenece a la naturaleza, su espíritu se queda en cuarta dimensión. Todavía no hay ninguno que haya evolucionado más allá del planeta.

El planeta Pohun tiene mucha energía azul y brillante con destellos. La energía de los *pohun* y del planeta son muy poderosas y, al ser muy fuertes, pueden evolucionar rápidamente. Eso los ayuda a mirar dentro de su ser, en lo más hondo de su esencia, en las profundidades más oscuras y sombrías, en todos sus recovecos, para poder llegar al lugar de donde proceden y a su origen, que está en el Cosmos.

Por una parte está la energía que se va creando en el cuerpo y por otra el alma o divinidad interestelar. La energía de los *pohun* es igual a la de la serpiente y la lagartija, su origen. Su energía es autosanadora, como la cola que sale sola o la piel que se regenera. Podrían autosanarse si evolucionaran y conectaran con su energía. Además, pueden aguantar el calor porque son de sangre fría y pueden ser muy camaleónicos, fuertes y testarudos.

Viven en el bosque y por eso cuidan el medioambiente instintivamente. Conectan con la naturaleza y eso les da paz, como los indios nativos *cherokee*. La trabajan sin hacerle daño, son agricultores. Conocen el potencial que tienen la vegetación y su tierra. Saben qué tienen que darle a la tierra para que esta siga siendo fértil. También saben aprovechar la corriente de los ríos y los mares, y cuando llueve aprovechan para que la naturaleza siga su curso y siempre les esté dando agua.

Los *elaxas* les enseñan a usar su experiencia y sabiduría para transformarse y transmutar en protegerse a ellos mismos de las adversidades. Los que están despertando empiezan a comunicarse con ellos, a ver más allá de la tercera dimensión y a visualizar a nivel astral todo lo que hay en el planeta.

21. SERES AZULES

Todo lo que iba aprendiendo sobre los *elaxas* era tan sorprendente y mágico que lo que esperaron a contarme después fue el culmen de los regalos. Primero querían que asimilara gradualmente toda la información y, una vez que estaba preparada, me comunicaron la noticia; los *elaxas* habían vivido en nuestra Tierra.

Fueron los seres azules que habitaron en nuestro planeta durante mucho tiempo. ¡Los *elaxas* habían tenido una misión en la Tierra! Ante tal confidencia, las pupilas se me dilataron enseguida al ritmo de los latidos del corazón.

Estaba emocionadísima de saber que los *elaxas* nos conocían tanto. Era como si de repente me sintiera más cercana a ellos. Aunque es lo opuesto: ellos se sienten muy cercanos a nosotros por todo lo vivido entre los humanos. Al fin y al cabo han vivido muchísimos años con nosotros. Estuvieron hace unos 20.000 años, durante unos 6.000 años aproximadamente, y ayudaron a que los terrícolas se hicieran más humanos y espirituales.

Cuando vivieron en la Tierra, su nave todavía no había avanzado a ser la ballena que es hoy en día. Los *elaxas* evolucionaron mucho también en la Tierra; en ese momento estaban entre la sexta y la séptima dimensión, y Shayla se fue llenando de más luz. Cuanto más nos ayudaban y contactaban con nosotros, más experiencia iban adquiriendo también y aprendiendo de nosotros. Su nave estaba entre Asia y Norteamérica, pero ellos podían estar en todas partes.

Muchos humanos empezaron a despertar poco a poco y a conectar con los *elaxas,* y estos les fueron enseñando un sinfín de cosas, entre ellas a buscar la luz que tienen dentro de su ser, a creer en la energía universal y ver a Dios en toda su Creación, sea del propio planeta Tierra, flores, hierbas, árboles, lagos, ríos, etc.

Mostraron sus conocimientos en la posibilidad de volar e ir a otros planos, conectar con Dios y con el Todo. Dios está dentro de cada uno. Cuanto más conectado estás con la naturaleza, más vinculado te sientes con toda la vibración de la energía universal o Conciencia cósmica.

Todos somos hijos de Dios, como Jesús, hijos de la gran Conciencia cósmica o Dios. Su vibración hace fluir la energía, haciendo que todos evolucionen y se transformen, sean vegetales, animales, minerales o personas.

Nuestra energía, la de los humanos, ya no tiene nada que ver con la del mono. Hace mucho que nuestro cuerpo dio un salto en evolución y la energía que crea es la de una raza distinta. Esa energía mental es la que adquiere nuestra conciencia divina y también la de caminar; por eso nuestra energía lleva todo el cuerpo astral por el mundo, por todo el Universo.

Una de las habilidades que aplicaron los humanos tras recibir las enseñanzas de los *elaxas* fue la de crear trampas para cazar, es decir, usar el ingenio para empezar a pensar en otras maneras de sobrevivir. Todo eso derivó en la fabricación de todo tipo de utensilios para las guerras y la construcción de maquinaria para el transporte como coches, aviones, etc. La tecnología en general ha evolucionado gracias a la inteligencia de los *elaxas*.

Los *elaxas* me están dejando entrar en sus vidas para enseñarme cómo viven, qué hacen y cómo son. Ellos, y todos los que están en dimensiones superiores a la quinta, solo se quedan con la esencia de la persona (de la raza que sea), que es la parte vibracional y anímica con la que estamos unidos al Cosmos. Esa energía de nuestra conciencia que vibra con cada emoción es la que ellos ven, con la que actúan y con la que se quedan.

Ahora, dentro de todas las misiones que tienen, una de ellas es informarme y mostrarme todo lo referente a ellos para que yo pueda transmitirlo y así se pueda reconocer la gran labor que hicieron en la Tierra.

Cuando están en una misión suelen usar un traje espacial para contactar, y por eso se me aparecieron por primera vez de esa manera. La civilización de Lemuria, y después la Atlántida, obtuvo muchos conocimientos de ellos y toda nuestra evolución tiene mucho que agradecerles a los *elaxas*.

La manera de actuar de los *elaxas* siempre suele ser la misma: una vez que están en el planeta donde van a vivir, lo primero que hacen es intentar reunir a todas las conciencias que están despertando. En nuestro planeta, en el Cañón Chaco en Nuevo México, cerca de Mesa Verde de Colorado, habita una tribu india, posteriormente conocida como los *anasazi,* conocida por la leyenda de los «seres azules» o *elaxas*. Cañón Chaco y Mesa Verde son parques nacionales que tuvieron poblados o colonias en la cima de la meseta.

Otra gran zona en la que estuvieron muy presentes fue el continente asiático, sobre todo en India y en China. Ahora, en el planeta Pohun, están congregando gradualmente a todos aquellos que van evolucionando y despertando. En ese camino al despertar es importante la unidad y no sentirse solo. Por eso los *elaxas* conectan con la tristeza de los *pohun,* que se sienten diferentes e incomprendidos. En general lo que más reciben de ellos, como de nosotros, es el miedo que tenemos.

En nuestro caso nos ven estancados y esperan que tengamos algún alma que haga algo por todo el mundo, como en su día lo hizo George Washington por su país.

Conforme a las enseñanzas de los *elaxas,* en la creación del espíritu se diferencian dos partes. Por una parte está la energía que crea nuestro cuerpo biológico y por otra la parte divina o cósmica, que se fusiona con ella creando el alma. De ahí que el espíritu de los *pohun,* o los humanos, o las personas que hay en el Universo se vaya adaptando al nuevo entorno o ambiente según lo que necesite para seguir evolucionando, aprendiendo y experimentando en total libertad.

La libertad existe, pero dentro de una estructura que mantenga el equilibrio y la armonía en todo el Cosmos. Dios deja que la naturaleza, sean minerales, vegetales, animales o personas... experimente con esa libertad. Cuando nuestra parte divina o llama nace en el Cosmos, saltamos y volamos al vacío y al abismo, a lo oscuro, como en caída libre sin saber nada, y luego según por dónde vamos cogemos información y sabiduría, como en la Tierra.

La energía universal está en todos nosotros, desde en una pequeña hoja hasta en un insecto. Para Dios todo es grande e importante. Todo es la misma materia y todos venimos de lo mismo. Todo es Dios y todo forma parte de él. Podemos conectar con cada parte de la naturaleza a través de nuestra parte divina.

La roca o el mineral tienen energía, pero cuando es un pequeño trozo transformado que no está en su hábitat normal es más complicado conectar con él. La piedra, la hierba, la Creación, nosotros, todo es Dios y estamos al servicio de la unidad, de Dios, de escucharnos y conectar con nosotros para estar con el Todo. La variedad de la manifestación de Dios, todo lo que hay en el Universo y todos los seres que se han creado, sean seres interestelares, personas, animales, seres de luz, etc., forman parte de su vibración y energía.

22. MODOLEA

Los segundos seres que contactaron conmigo han creado un reino que es digno de admiración. Su nombre es Modolea y empezaron a crear su civilización en un planeta solitario de la constelación de Casiopea llamado Moketi.

Los *modolea* son seres de luz de dimensiones muy altas, la décima dimensión concretamente, que fueron intraterrenos en el planeta Moketi durante mucho tiempo pero que ahora están en una nueva misión, fuera del alcance de nuestra tecnología. Ellos también estuvieron en nuestra Tierra durante la era de Aries y Piscis. De ellos proviene mucha inspiración de la mitología esquimal, griega, egipcia y vikinga. Esta última se basó en el tipo de atuendo que llevaban, como botas de pieles, cascos y protectores.

Las guerras vikingas eran muy frecuentes, por creer que esas tierras eran de los dioses o los *modolea*, pero ellos no querían eso. Se malinterpretaron muchas de las cosas que transmitieron aunque, conforme a la evolución de la humanidad, se necesitaba pasar por esas experiencias para seguir creciendo espiritualmente.

En nuestro planeta estuvieron como intraterrenos debajo del mar, en un gran barco que era su nave. Sus naves son semi descubiertas y pueden ir a la velocidad que quieran, tanto despacio como rápido. Viajaban en ese barco para ir viendo poco a poco todo lo que había alrededor, tanto por el espacio como por mar. Tienen la capacidad de teletransportarse de un sitio a otro cuando quieren, o estar en el mismo momento en varios sitios o dimensiones del Cosmos, pero les gusta ir viviendo el camino o el viaje poco a poco.

Estuvieron mucho tiempo en la Tierra y enseñaron a canalizar con el arte. Todo lo que recibían o descargaban de la nube de información que dejaban los humanos más evolucionados de esa época contactaba con ellas como si fueran una especie de diosas.

La mitología que más reminiscencias tiene de los *modolea* es la *inuit* o esquimal. Ellos siguen recordándolos a través de sus costumbres y su cultura.

Los *inuit* cuentan con una gran variedad de cuentos que se han mantenido a lo largo de la historia, ya que las difunden de forma oral a los nuevos habitantes, manteniendo las tradiciones, entre las que resalta su creencia en la importancia del bien y el conocimiento del mal, vinculados con el chamanismo, además de con el animismo.

Dentro de la cosmología *inuit* existen historias que hablan sobre los *modolea* como si fueran dioses. Poco a poco se convirtieron en personajes destacados para la cultura. Esos relatos se han perdido con el tiempo, pero hay algunos que siguen cobrando fuerza y hablan de la magia de los *modolea*.

Los *modolea* tienen apariencia y energía femeninas, y los *inuit* han hablado de ellos como deidades femeninas. Entre sus poderes está el de controlar las acciones de ballenas, focas, morsas y peces, así como de cualquier otro tipo de animal acuático para velar y vigilar la fauna marina. Lo mismo ocurre con el aire, que consideran la esencia de la vida humana, ya que en él se sustenta el mundo y es como una especie de esencia que mantienen.

Por lo que respecta a la tierra y a su fertilidad, pueden proveer de salud y ayudar a las personas a tener hijos. En general pueden preservar la vida en la naturaleza y así mantener el equilibrio según lo que les indique la energía universal.

La información que me transmiten los *modolea* la colocan en la sabiduría de mi «Yo superior» o parte divina, y así lo puedo descargar cuando quiera para saber más de ellos. Les pido que me guíen, asistan u orienten sobre ellos.

El reino de los *modolea* se me apareció con muchas imágenes que quisieron mostrarme. La sensación de calidez y amor se te impregna enseguida cuando ves el hogar que han construido debajo del mar. Las casas son de madera y piedra y todas tienen chimenea. Las puertas son muy grandes y se abren y cierran mágicamente.

Ellas tienen una cara muy angulosa y ovalada, de color rosa anaranjado claro y con manchas naranja marrón oscuro. La cabeza y el cuerpo son de estilo faraónico egipcio, con seis dedos en la mano, y en el dedo corazón llevan un anillo de oro.

Los *modolea* están al servicio de la luz y de la Conciencia cósmica en todo momento, y por eso tienen muchos rituales para valorar y dar el lugar que se merecen a todos los trabajos que realizan para la creadora o Diosa. En referencia a eso, al ser que consigue aprender o saber algo que los ayude a subir a nivel energético le consideran una gran maga.

La maga que consigue ese crecimiento evolutivo para todas viste para la ceremonia un gran abrigo de invierno con capucha que le llega hasta los tobillos. Además, cualquiera que tome la iniciativa de guiar a un ser menos evolucionado está considerado que hace un trabajo de luz muy importante para la energía universal, ya que a cualquier ser del Universo lo consideran hijo de Dios, al igual que ellas lo son.

La estructura energética de los planetas que hay en el Universo surge de todos los minerales, vegetales, animales y personas que hay. Los *modolea* mantienen y trabajan el equilibrio de la energía de todos ellos. Si falta algún animal, vegetal o mineral, o están dañados o en peligro de extinción, ellos hacen todo lo posible para ajustar ese desequilibrio. Lo compensan con la energía de los otros para poder dar vida o crear nuevas energías con la naturaleza.

Respecto a los humanos, cuando hay peleas o rupturas trabajan la parte energética creada por el cuerpo, no la cósmica, para mantener estabilidad en el planeta. Se comunican a través de esa energía de la naturaleza o de esa parte energética de los humanos que se fusionó con la llama cósmica.

Cuando hablamos de dimensiones tan altas hay cosas que nos parecen imposibles o mágicas, y una de estas maravillas podemos verla en las capacidades que tienen los *modolea* para proporcionar a cada cuerpo animal o humano el alimento que necesita a la hora de criar a sus hijos o cachorros. Usan las herramientas que les proporciona la naturaleza para poner, por ejemplo, leche en una madre o polen en las abejas.

Todo es energía y llevan mucho tiempo ayudando a la naturaleza para que siga su curso. No es de extrañar que en la época en que estuvieron en la Tierra algunos humanos las sintieran como diosas.

23. EL CAMINO DE LOS MODOLEA

En la actualidad los *modolea* están trabajando en un planeta marino, que está muy lejos de nuestras constelaciones, al que llaman Sedna. Han sentido el Plan divino y se han dejado llevar hasta ahí. Este planeta está en proceso de evolución animal y las futuras personas están todavía en transformación. Es una misión compleja, pero a la altura de sus capacidades.

Sedna es un planeta de agua que tiene mar en una especie de estado gaseoso pero desde lejos el planeta parece una gran gota líquida. Todo en Sedna es mar y de colores muy brillantes. En él hay tierra, montañas, rocas como en otros planetas, y los animales son de unas dimensiones más grandes que las habituales, de manera que los *modolea* se ven muy pequeños en comparación.

La especie que está teniendo una transformación divina para evolucionar a persona viene de un animal parecido a una mezcla de lagarto y sapo, pero en grande. En estos animales se está operando la fusión de su energía con la cósmica para convertirse en los futuros *sednas*. Son de color verde-marrón oscuro y pueden estar tranquilamente tanto en el agua como en tierra. La cara es similar a la del sapo, pero con un gesto duro y de mucho genio.

En Sedna hay muchos animales, pero ellos se consideran los jefes del planeta y que pueden tener poder sobre todos los demás. Por eso los *modolea* esperan que poco a poco evolucionen y puedan conectar más con su esencia que viene del Cosmos.

Dentro de la fauna animal hay mucha variedad, pero hay unos muy peludos y gigantes que les hacen la vida más difícil a los *sednas*. Andan bajo el mar como si no hubiera agua. Los *modolea* intentan mantener el orden entre ellos, para que no se coman y atrapen a todos los animales del planeta. Lo mismo hacen con todos los demás para encontrar un equilibrio con todas las especies que hay en Sedna.

Los *sednas* viven y duermen entre los remolinos que se forman entre las rocas, el viento y el agua. Ahí donde hay corrientes están ellos, porque se protegen de los «peludos», que les quieren robar y comerse su comida.

En el mundo animal, como en todos los planetas vivos del Universo, están los que conectan con los delfines astrales para transmitir todas las vibraciones más amorosas que necesita el planeta. No son como nuestros delfines, sino que son una mezcla de ballena y foca. Bailan y se divierten como las focas y nadan como las ballenas. Comparados con las ballenas, tienen un tamaño medio y hablan como nuestros delfines repitiendo lo que les llega del Cosmos.

Tampoco faltan los elefantes, pero en Sedna son pequeñitos y cabezudos con dos patas. Son muy entrañables y de una sabiduría muy elevada.

Una de las cosas que más me transmiten tanto los *modolea* como cualquier otro ser de luz avanzada es que los árboles, tanto a nivel energético como físico, están creados con mucha paciencia y trabajo. Les cuesta mucho esfuerzo mantenerlos, porque las personas los destruyen con mucha facilidad.

Los *modolea* conectan con todos los seres del Universo a través de la energía de la naturaleza y a esa comunicación la llaman *Jaudius*. Nosotros podemos recibir su información mediante la telepatía, las emociones o las vibraciones energéticas.

En el momento en que cruzas el velo y puedes conectar con los *modolea* te das cuenta de que tienen creada una gran estructura en su reino para mantener el planeta en que se encuentren en total armonía, para llevar toda la naturaleza a un nivel energético fluido y equilibrado.

Los animales por ejemplo pueden mover la vibración de la energía de un sitio a otro, sea llevando minerales, vegetales o los propios animales. Ellos se sienten libres para hacer lo que quieran, pero siguen y fluyen con la energía universal.

Dejarnos llevar por la Diosa nos ayuda a estar en el amor, la paz y la luz. El camino es más sencillo, fluye mejor, y si además consigues desprenderte de cosas que te cargan y te bajan la energía, puedes evolucionar y transcender con más facilidad y felicidad. La multidimensionalidad es de todos y está dentro de nuestro ser.

Nos tenemos que cuidar los unos a los otros porque todos venimos del mismo sitio, tanto a nivel cósmico como físico. Respecto a nuestro cuerpo físico, el mismo nace de la tierra y cuando lo dejemos acabará de nuevo en ella.

Todos los seres del Universo somos creadores como hijos de la Diosa y lo hacemos en nuestro mundo, desde el microcosmos al macrocosmos; todos vamos actuando con la magia de la energía divina del Todo. Somos seres mágicos, infinitos, y la Diosa nos ha dado el regalo de vivir, ya seamos minerales, vegetales, animales o seres de luz. Estamos conectados a ella y la Diosa siente y ve a través nuestro.

La energía de la naturaleza escucha a Dios para cuidar a toda su creación. La vegetación ayuda a llevar vida a todos los planetas. Su energía va evolucionando y siguiendo la energía universal, y esta deja libre a sus criaturas para que creen y destruyan en continua transformación.

El Cosmos o el más allá es desconocido para las personas o la naturaleza, aunque todos provenimos de él. La materia o la energía lenta y densa nos tiene limitados en la mortalidad, el dolor y las necesidades fisiológicas y alimentarias.

Las *modolea* nos enseñan a que sigamos experimentando, aprendiendo en libertad conectados a la energía universal. Ya en la época antigua también mostraron sus rituales cuando premiaban a los que iban adquiriendo sabiduría con sus ropajes y costumbres.

La energía de la naturaleza más poderosa es la del árbol cósmico, que está en todas partes y fluye desde los primeros reinos de minerales, vegetales y animales, hasta el reino más alto del Cosmos o Dios.

Cada animal tiene la energía más fuerte en una zona. Por ejemplo, en una serpiente todo el poder está en la lengua. En una tortuga está en su caparazón, y en nuestro caso la parte energética más poderosa se concentra en el cerebro.

Las *modolea* no pueden transmitirnos toda su sabiduría o muchas de las cosas que conocen ya que todavía no estamos preparados para comprenderlo, debido a lo cual las vemos como desconocidas, extrañas o misteriosas.

Cuando estuvieron en la Tierra se dieron cuenta de que aquellos que más conectaban con la naturaleza, como los indios nativos, la cuidaban mejor y así tenían más sabiduría para que la tierra diera sus frutos. Aun así todos los que habitamos en el Universo trabajamos duro para ir evolucionando y subiendo peldaños.

La energía que proyectamos, como los sentimientos, la tenemos en el alma con imágenes, colores y música. Todos los seres del Universo protegen, cuidan con amor y esmero a los otros seres. Nuestra conexión con la naturaleza está ahí presente y nuestra evolución depende asimismo de la relación con ella.

24. DRAGONES CÓSMICOS

Si me preguntaran qué ser es mi favorito, ha llegado el momento de hablar de ellos. No puedo evitar tener un gran amor por ellos, pues es inexplicable todo lo que me han dado...

Aquí viene el tercer ser que contactó conmigo, que es nada más y nada menos que un dragón cósmico. Nunca hubiera imaginado que los dragones eran tan amorosos y generosos, y la empatía que tienen está en lo más alto de la comprensión.

Su manera de hablar es con un tono muy duro y un acento muy seco; me recuerda un poco a la forma de hablar que tienen los rusos.

Con ese sonido, escuché la voz de uno de ellos diciéndome que había tenido el teléfono apagado. Hasta para comentarte algo así tienen su humor. Me estaban dando a entender que había necesitado tiempo para hablar con ellos porque no había estado conectada.

La primera vez que le vi tenía los ojos marrones rojizos, pero para que yo sintiera su energía cambió su mirada y se convirtieron en negros, tiernos y profundos. Ahí supe que habíamos conectado. Era maravilloso sentir esa complicidad y ese amor. A partir de ahí empezó a mostrarme su reino y yo empecé a abrirme más y más a su gran sabiduría y amor.

Su fisonomía era la de un dragón en toda regla, pero el cuerpo se parecía al animal legendario del lago Ness que tanto habíamos visto en el cine. Volaba por el aire como si estuviera nadando, pero por la boca echaba una bocanada de humo cuyo halo estaba compuesto por una llama de color azul con la que podía absorber la energía y llevarla a otros sitios.

La nave en la que viven es como un gran planeta que llaman «Shoiba». De lejos tiene apariencia de bola con pinchos redondeados acabados en bolitas. Cuando entras dentro, el paisaje te recuerda a la película de *Avatar*, una maravilla... Ves cascadas de nubes triangulares, lagos de colores, mucha vegetación verde con inmensos árboles, cubos rectangulares donde se posan, cuevas inmensas y montañas rocosas.

Los dragones cósmicos tienen muchas maneras de comunicarse, pero una de ellas es a través del color de sus ojos. Me fueron mostrando cómo podíamos entendernos y así supe que ponían los ojos oscuros cuando me querían dar su afecto, naranjas para darme a conocer su reino y amarillos para ayudarme o guiarme.

Además del color de los ojos, los dragones tienen una gran capacidad de escribir a través de símbolos y letras grandes palabras y frases, y su forma de actuar se basa en la escritura. No es de extrañar el que tengan esas cualidades puesto que los dragones cósmicos están en las dimensiones más altas del Universo.

Ellos se alimentan de polvo de estrellas, que a nivel energético es el halo o energía que desprenden las estrellas. Una vez que comen, salivan una especie de agua caliente que va creando un mar astral. Asimismo utilizan la energía para esculpir piezas de diferentes tamaños y volúmenes con las que embellecen su reino. Son moldes plateados de todo tipo de colores que decoran su planeta. Tienen un gran control de las energías porque las bajan de dimensión para que tengan un acabado más denso y tridimensional a nivel visual. Expulsan llamas de más baja energía para crear sus lugares como si fueran grandes artistas. Estas esculturas se convierten en lugares creados con sus llamas de energía.

Al igual que los delfines, los dragones forman parte de la gran Diosa cósmica. Dentro del reino de los dragones hay diferentes tipos de razas y cada uno vive en su nave. La raza que contactó conmigo se llama *nirkidigt*; me lo escribieron letra a letra para que lo tuviera en cuenta.

Los *nirkidigt,* cada vez que experimentan una evolución suelen ir a realizar la correspondiente transformación energética a unas cuevas sagradas blancas, formadas por enormes fósiles. Ahí suben la energía vibracional y reposan con el cambio.

Nos imaginamos que todas las costumbres o rutinas de los seres de luz avanzados incluyen prácticas meditativas y contemplativas, pero los *nirkidigt* son muy divertidos y les encanta jugar. Juegos deportivos o lucrativos, cualquiera les sirve si los pueden compartir entre amigos. Incluso tienen mascotas, a las que cuidan, protegen y dan amor. Entre ellas se encuentra el caracol galáctico que va volando y se halla en un nivel energético más bajo.

Hablar de Dios/Diosa o hablar de los *nirkidigt* es como hablar de una parte del Todo. Sería como si nosotros pudiéramos conectar con la energía de nuestras células y supiéramos usar el mismo lenguaje para comunicarnos con ellas. Ellos sienten la inmensidad de la Diosa, están totalmente unidos a ella y se encuentran en total abundancia, con una gran plenitud tanto a nivel energético como evolutivo. Y nosotros somos hijos de esa Diosa, es decir, tenemos en nuestro ser una parte de la esencia de los *nirkidigt*.

Los dragones cósmicos observan con los mismos ojos que Dios, pueden hacer vibrar la energía como él y están conectados con toda la naturaleza del Universo. Ellos ven la naturaleza de todos los colores que desprende su energía y, al igual que los delfines cósmicos, son los seres que más fuerza tienen para mover la energía de un sitio a otro.

Ahora mismo están en una nueva misión que tiene que ver con la constelación de Casiopea. Siempre están realizando todo tipo de trabajos de luz para la continua evolución del Cosmos. En este caso están llevando piedras astrales a un nuevo planeta con un gran valle.

El planeta de la constelación de Casiopea está repleto de minerales y los *nirkidigt* llevan esas piedras energéticas que, si observamos como geometría sagrada, serían como separaciones de partículas de luz y agua.

Todo el valle del planeta es de cristal y los *nirkidigt* ya lo han llenado de piedras astrales. Ahora están esperando a que la fusión de ambos transforme el planeta en hielo, de tal forma que la temperatura cada vez sea más y más baja. El planeta está helado y falta poco para que se convierta en hielo. Así, una vez que consigan el hielo, y luego el deshielo, podrán nacer grandes mares, tierras y vegetaciones.

Los cristales han creado su energía y la vegetación también creará la suya. El hielo en estado sólido no crea energía porque en sí ya es una gran energía. Ese es el plan de los *nirkidigt*: habilitar poco a poco el planeta de la constelación de Casiopea para prepararlo a una nueva vida.

25. MI AMIGO NIRKIDIGT

El contacto con los *nirkidigt* sigue muy presente en mi vida. Cada vez que quiero hablar con ellos aparece Nadier, mágico y tierno. Así se presentó él cuando me llevó volando astralmente por su reino. Quería mostrarme toda la belleza que habían creado y sabía que con una simple mirada podía sentir todo mi ser. En ese vuelo me vi como el protagonista de *La historia interminable* cuando vuela encima del dragón blanco. Además, me dijo que, cuando quisiera, ahí me tenía para volar junto a él. ¡Qué maravilla!

Estar con Nadier era sentir su protección, amor, amistad, ternura, magia, empatía, y sobre todo estar como en casa, en el hogar donde está el amor. Aunque no es un sitio, es un estado, pues no tienes que estar físicamente; solo tienes que sentirlo.

Su mirada cambiaba cada vez que me transmitía algo, y al enseñarme su mundo lleno de grandes mares brillantes me dijo que él sabía que a mí eso me llenaba mucho porque yo era de mar, exactamente de un pueblo pesquero llamado Ondárroa. Así es, oler el mar para mí es como sentir la inmensidad y la libertad. Su energía es sanadora y evocadora, y parece que a ellos les ocurre lo mismo; es pura vida.

Nadier me dio muchos consejos muy valiosos porque ellos pueden ayudar a que seamos más conscientes, a seguir evolucionando y fluyendo con la energía universal. Conforme a su gran sabiduría, ponerse una pulsera de color lila en la muñeca ayuda mucho a hacer grandes cambios en el alma, pero lo más importante para ellos es que cada vez que podamos hay que conectar con nuestro ser interior para llegar a Dios.

La familia es fundamental para ellos y es esencial trabajar y actuar unidos para que no entren el miedo, la oscuridad y los monstruos. La unidad forma parte de la Diosa, y la separación, el individualismo y el egoísmo son contraproducentes para todos.

Los *nirkidigt* no necesitan experimentar con la materia para ampliar su sabiduría porque todo el Universo forma parte de la Diosa y de ellos. Todo el aprendizaje del Cosmos se integra en ellos y en su esencia. Van evolucionando con el Universo, con los seres que habitan en él, con nosotros.

Un abrazo puede parecer que si no es físico no llena lo suficiente, pero Nadier me regaló uno que no tenía nada que envidiar a los de la Tierra. Su ternura iba acompañada de unos preciosos ojos de color marrón. Con respecto a los regalos, me transmitió que yo tenía que hacer lo mismo ofreciendo valor con todo lo que iba aprendiendo. Entregar, dar, regalar con valor; se refería a que lo hiciera con mucho respeto, mimo, amor y seriedad, como puedo hacer con un libro o una película.

Fue curioso el ejemplo que me puso Nadier de cómo los Reyes Magos tenían que llegar hasta donde se encontraba Jesús, refiriéndose al camino que hicieron. El camino hay que disfrutarlo, hay que vivirlo, pero también hay que llegar, como este libro que está ahora en tus manos. El viaje de la escritura y la comunicación con el Cosmos es muy gratificante, pero hay que llegar y regalar... y ahora ha llegado la hora de soltar. Aquí lo tienes para ti, para tu ser.

Prosiguiendo con la divinidad de los dragones cósmicos, Nadier me enseñó que los ojos azules significaban la cualidad que tenían con respecto a la sanación energética. Ellos pueden curar a nivel energético a cualquier ser del Universo, conectando con la energía vibracional de personas, animales, vegetales o minerales. Tienen una técnica llamada *bearien* que utilizan para poner chips cuadrados que encajan en el aura o energía del ser. Una vez que insertan ese chip astral, la energía empieza a transformarse para fusionarse con el Cosmos y así sanarse poco a poco.

Nadier siente que muchas de las enfermedades que tenemos son generadas por una mala gestión de nuestra energía. Debemos soltar las energías que no son nuestras para que no nos hagan daño. Para ello tenemos que pedir que se lleven esas energías a Pipescal, que es un lugar oscuro donde se desintegran y desaparecen sin hacer daño a nadie.

Me sorprendió mucho saber que en la Tierra hay unos minerales energéticos llamados *sutsirita* y *minarita* que desde 1925 han empezado a crear enfermedades, primero a nivel energético y después físico. Los minerales no son la causa, pero han cogido toda la energía del planeta y han generado una nueva que está causando enfermedades como el cáncer, ictus, fibromialgias, etc. Hay mucho trabajo por realizar y me están enseñando cómo actuar para poder sanar la Tierra.

Otra gran habilidad de los *nirkidigt* es lo proféticos que son... pueden ver el futuro de cualquier parte del Universo. Nadier me comunicó que en breve iba a experimentar una elevación en la frecuencia vibracional. Podemos llamar a esa parte aura, alma, espíritu, cuerpo astral, o como mejor nos resuene, pero que estuviera atenta a lo que me fuera pasando. Parece que esa nueva apertura me va a ayudar a conectar directamente con la energía universal.

La curiosidad pudo conmigo y empecé a meditar para escuchar y sentir esa energía. En ese momento empecé a marearme de toda la información y ruido que me estaban entrando. Todo me daba vueltas y vueltas; era demasiado para mí y me empezó a doler la cabeza del mareo que me producía tanta vibración. Me costó mucho relajarme y sentir esa fuerza, pero con la ayuda de Nadier pude ver una pequeñísima parte de mi misión como trabajadora de la luz. Me mostraron unas imágenes del Plan divino que tenían para mí con los niños de África. Me quedé impactada porque podían ser tantas cosas que no sabía si se referían a la vida actual, a otra, o si esa misión era a nivel astral.

Lo único que me pudo responder Nadier fue que la muerte no es motivo de miedo, ya que solo es un cambio de energía y de cuerpo, pues sigues con todo el bagaje aprendido de tu ser, con todas las experiencias adquiridas en conciencia, y sobre todo con todos los sentimientos integrados. Así, me tranquilizaba para que no me impacientara y corriera... Todo está dentro de un plan mayor y el Universo forma parte de él.

26. INTRATERRENOS

El apoyo de Nadier y su afecto me impulsaban a seguir fluyendo y creciendo con la energía universal. Los *nirkidigt* nos llaman intraterrenos a todos los que estamos y hemos estado experimentando con la materia o el cuerpo físico. Hay muchas maneras de seguir avanzando y evolucionando en el Universo. Algunos intraterrenos crean sus reinos, como Guonakin, Lemuria o la Atlántida, en la Tierra; otros en cambio siguen avanzando y acercándose más y más al Cosmos, como Merlín, María de Magdala, Aramu Muru, Yeshúa, etc. Estos últimos están en reinos que se sitúan en dimensiones más avanzadas.

Todos ellos tienen misiones y evoluciones con respecto al mantenimiento y el equilibrio del Cosmos. Tanto *guonas* como *lemurianos* están ayudando y guiando al planeta para que la energía de la naturaleza esté en total armonía. Lo mismo ocurre con seres de luces avanzados que están guiando y trabajando en misiones que dependen de la Diosa. Más avanzados o menos, todos estamos en unidad moviéndonos en esta gran espiral. Tardes más o menos, el camino siempre te lleva al mismo punto: a Dios.

Había escuchado muchas historias sobre los intraterrenos. Soy consciente de que muchos reinos viven en nuestro planeta, pero no pensaba que nosotros también fuéramos intraterrenos. Todo tenía sentido: hay muchas maneras de evolucionar y crear diferentes reinos. Ahora tenemos este cuerpo, pero después cada uno seguirá su camino de evolución según la frecuencia vibracional que tenga o la experiencia que haya integrado dentro de su ser.

Hay un sinfín de reinos en la Tierra formados por intraterrenos con una conciencia muy elevada. Entre ellos se encuentran Agartha, Avalon, Hiperbórea, Guonakin, etc. Agartha es un reino muy amplio que a su vez está compuesto por muchas ciudades o reinos. Para los *nirkidigt* todos los intraterrenos tienen una apariencia parecida, aunque unos estén más elevados que otros. Nadier tiene mucha sabiduría sobre los intraterrenos, mejor dicho, sobre todo ser del Universo en general.

La variedad de intraterrenos que hay en el Universo tienen que ver con las infinitas civilizaciones que han podido surgir en cada planeta habitado, ya sea en el pasado, presente o futuro. La dimensionalidad de los intraterrenos tiene que ver con la evolución y la vibración energética de cada ser. En nuestro caso, estamos aprendiendo en la tridimensionalidad, pero otros ya han seguido y avanzado a otras dimensiones y reinos.

En la Tierra somos muchas las personas que hemos experimentado en planetas diferentes al nuestro, aunque por todas las experiencias adquiridas aquí en la Tierra este sea el que más nos marque.

Las vidas pasadas nos dicen mucho de todo lo que vamos aprendiendo y acumulando en nuestra esencia y Nadier me aconsejó recordar una de ellas. Él sabía que en una vida pasada tuve mucho carácter, fuerza y decisión que me podrían venir bien para esta vida.

No tardé mucho en conectar con mi Yo superior o parte divina para recordar a ese hombre que había sido. Enseguida recibí apoyo de los *nirkidigt* para recuperar lo aprendido. Pronunciaron la palabra *Engo,* que significaba que iban a tomar parte y actuar en ese proceso de recordar mi esencia.

Me enseñaron un código secreto para ello: *Buuya,* palabra que escuché con una exclamación y un tono muy grave. Este código ayuda a conectar con las vidas pasadas y los aprendizajes integrados en nuestro ser interno.

Otro de los códigos que me mostraron fue *Neki Heki,* que te pone en sintonía con las primeras experiencias vividas en la tridimensionalidad. Aparte de recordar vidas pasadas, también hay un código que se puede usar para espantar y alejar las malas energías, que es *Oxi.*

Curiosamente, los *nirkidigt,* cuando hablan de nuestra parte humana o física y quieren decir si es de buena genética o no, usan la palabra «ancestración». Esa genética viene de la naturaleza y su energía, pues al final todo se reduce a las primeras energías. Unas fluyendo más y otras menos con la energía universal.

Nadier me matiza la importancia de la energía que le viene bien al cuerpo, que no es más que el agua y el sol. La naturaleza necesita alimentarse de ellos y su energía tiene una gran influencia en nosotros.

No obstante, los *nirkidigt* me quisieron transmitir que estamos viviendo una época de total transformación que a la larga será beneficiosa para la Tierra, pero que va a ser muy dura para la humanidad. Sus profecías tenían que ver con una guerra que llegará en un futuro próximo y en la que el planeta parecerá una gran selva. En sentido figurado, se referían al caos y a la gran cantidad de cosas que se desordenarán en el mundo.

27. LOS VIKINGOS

Mi gratitud hacia los *nirkidigt* es tal que se quedaría muy corta explicándolo por escrito, pero sí me gustaría que se pudiera sentir la sabiduría y el amor que pueden transmitir en todo momento.

Los *nirkidigt* siguen comunicándose conmigo y no fue de extrañar que me presentaran a unos amigos que, según ellos, podrían enseñarme mucho. Nadier abrió los ojos y esta vez el fondo de los mismos reflejaba la inmensidad del espacio. Era como si estuviera entrando en otro lugar del Cosmos. Ahí empecé a ver una gran nave con una estancia de color verde.

Aparentemente, la nave se proyectaba como si fuera una avioneta clásica, pero en realidad es muy moderna y está preparada para todo. La suelen condensar en un bloque más pequeño y así la llevan metida en una nave más grande. Las naves de los *nirkidigt* se amoldan y se adaptan a cualquier sitio. También están listas para hacer frente a los imprevistos que van aconteciendo en el Universo.

Una vez conocí su nave; se presentaron como los *houstochia*, seres cósmicos de dimensiones superiores a la décima. Ellos se comunican a través de la vibración y traducen lo que les llega de esas frecuencias como si fuera telepatía. Los *houstochia* llaman *touking* a la manera de comunicarse que tienen en el Cosmos. En realidad reciben y no tienen que traducir nada; simplemente resuenan con las frecuencias vibracionales que les llegan.

La conexión con ellos fue muy rápida y fácil. Se notaba que tenían muchísima sabiduría y experiencia puesto que conseguían transmitirme todo de una manera muy sencilla. Tienen mucha información sobre el Universo y la ofrecen con mucha generosidad, asignándole la importancia, el valor y la antigüedad que le corresponde.

Las personas o los seres que tienen oportunidad de conocer a los *houstochia* se sienten atrapados y hechizados por su gran personalidad. Enseguida te dejas guiar y asesorar por ellos; parecen dioses.

Los *houstochia* son mitad astrales y mitad físicos, pero no como nosotros; su materia es muy sutil, de una energía más ligera y rápida. La parte astral está compuesta por una luz grande amarilla que proyecta la figura del tronco y la cabeza como si flotara y volara sin necesidad de piernas u otra cosa en que apoyarse.

La parte más física es una especie de segunda piel, como si fuera un armazón de color metalizado con el que pueden volar. Como materia que es se puede deteriorar y la renuevan echando un líquido astral de color amarillo a su cuerpo astral. Así generan una nueva piel metalizada cada vez que se estropea. Son muy camaleónicos porque se pueden transformar en lo que quieran y se moldean según lo que quieren proyectar.

Una de las cosas que me sorprendió fue ver las similitudes que tenían con nuestros vikingos. Me dijeron que se parecen a ellos en cuanto a las costumbres, rituales y en su apariencia estoica. Les gusta trabajar en equipo y llevar una especie de casco medieval para cada misión. Yo, cuando me refiero a ellos utilizo la palabra «vikingos» para hacerlo, y veo que les gusta.

Los «vikingos» viven en su nave grande, que va al mismo ritmo que planetas como el nuestro, el ritmo de la energía universal. En cambio, con la nave pequeña se mueven en trayectos pequeños para visitar y disfrutar. Tienen comodidades y distracciones en la nave para poder divertirse. Uno de los rituales que más practican es el del aprendizaje y evolución de cada uno de ellos, y para ello tienen un altar particular en la nave con apariencia de urinario. Suelen ir a esa especie de altar para darle el valor que merece a esa evolución.

Son grandes viajeros y a cada sitio que van siempre los ven como misteriosos, mágicos, sabios y como dioses. Al igual que los *nirkidigt*, los «vikingos» a nosotros nos catalogan como intraterrenos, con la única diferencia de que unos están más evolucionados que otros.

Ahora están una misión en la constelación de Casiopea junto con los *nirkidigt*. Los *houstochia* suelen ir juntos a hacer esos trabajos en unidad y completa colaboración. Los «vikingos» se dedican a limpiar las energías más negativas que generan los intraterrenos menos evolucionados. Son como los barrenderos del espacio y hablan de esas energías pesadas como si fueran basura.

Los «vikingos» van limpiando la suciedad que hay en el planeta que les toca. Algunas veces es la energía que se ha quedado en ese planeta, otras de los intraterrenos que viven en él o de las energías que permanecen en él después de dejar su cuerpo. El trabajo que desempeñan es muy meticuloso y minucioso ya que tienen que mezclar esa energía baja con otra que haya en el planeta para elevarla y que vuelva a la energía principal y positiva. Ellos hacen eso por todo el Universo; es el Plan divino de los *houstochia*.

Me gusta lo claros y concisos que son los «vikingos» porque, a la hora de mostrarme su trabajo y poder entenderlo, me dicen que es como la suciedad que nos produciría a nosotros el tener miles de ratas en nuestra casa. Condensamos un montón de baja energía o suciedad que acumulamos en nuestro planeta y ellos transforman esa basura en abono para la tierra.

A la hora de enfrentarse a esa labor, los «vikingos» se unen y crean un gran avatar para manejar esa energía debilitada y baja. Una vez que la transforman y elevan como energía fortalecida, vital y positiva, la energía negativa desaparece.

Los «vikingos» utilizan mucha de su propia energía para realizar ese trabajo y a veces se sienten debilitados como si les faltaran un brazo o una pierna, pero entre todos ellos se ayudan para elevar su energía y volver a estar de nuevo mejor.

Si los *nirkidigt* armonizan toda la energía del Universo, guiando, moviendo la vibración y equilibrando, los «vikingos» también hacen una labor excepcional en el Cosmos limpiando la energía baja que hay acumulada en los planetas. Ahora los *nirkidigt* y los «vikingos» están trabajando en el mismo planeta de la constelación de Casiopea, preparando y equilibrando las energías que hay allí.

La verdad es que sigo fascinada con la generosidad, dedicación y el amor que hay en el Universo para ayudar a los otros. Cuanto más conoces a nuestra familia galáctica, más te sorprende lo mucho que tenemos que aprender. Ellos me ven por dentro, me sienten y me dicen que mi alma está para transmitir y comunicar en la Tierra todo lo que me llegue del Universo... En ello estoy... al servicio del Plan divino.

28. MI ÁNGEL DE LA GUARDA

Pasaron unas semanas sin saber nada de los *nirkidigt* y ya les echaba de menos. No pude evitar comunicarme con ellos y enseguida Nadier apareció a mi lado. Noté en sus ojos marrones que él también había sentido lo mismo. Esta vez nuestro encuentro fue breve. Me dijo que tenía que prestar más atención a mi ángel de la guarda y que lo cuidara con todo mi cariño.

Todos los humanos tenemos un ángel y tres guías que nos acompañan en nuestra evolución. Dependiendo del aprendizaje que necesitamos, vamos teniendo de unos guías u otros. Lo mismo ocurre con los ángeles. En mi caso, me han cambiado de ángel de la guarda con el cambio de energía vibracional que tuve a finales del 2020. De esta elevación de la frecuencia me estuvieron avisando con diferentes señales tanto mi ángel de la guarda como mis guías, pero no fui muy consciente de ella hasta conocer a mi nuevo ángel.

Mi nuevo ángel en realidad es un arcángel y su sola presencia es tan mágica que no es de extrañar que forme parte del grupo de Metatrón. Se presentó como Jeliel, con una apariencia mezcla de caballero elegante y guerrero valiente. La proyección de su cuerpo astral me llegaba como si tuviera un cuerpo fibroso y musculado, además de que era muy guapo. Su pelo era de color rubio y la mirada era el mismo reflejo del cielo, azul, noble, transparente y pacífica.

Jeliel me dijo que él sería el que me iba a guiar, orientar, sustentar y asistir en esta nueva etapa. No hay fecha; solo su apoyo y cariño en un nuevo aprendizaje. Espero poder evolucionar y estar a la altura de todo lo que me quiera transmitir.

Lo primero que me comunicó fue que con el cambio de elevación de vibración que iba a experimentar me iban a cambiar los procesos de pensamiento y emociones, ya que así podría mantener mejor la vibración más alta y tener más información de los *registros akhásicos* para nutrir mi sabiduría, aparte de ayudar también a la parte física o humana.

Siempre me han interesado mucho los números y lo que transmiten con ellos desde el Todo. El Universo está repleto de mensajes. Todos ellos, junto a lo que me comunicó Jeliel sobre el número espiritual de la humanidad, me pareció algo interesante que se podía aplicar a lo que ya tenemos interiorizado.

Según Jeliel, en el 2021 entré en un nuevo número espiritual que correspondía al nueve. Desde que naces, cada cinco años empiezas a cambiar desde el número cero y estás con cada número espiritual cinco años. Por ejemplo, en el 2011 empecé con el siete, que vino con mi despertar espiritual. En el 2016 fui muy consciente del número ocho, que se me aparecía por todas partes y sabía que era un número que venía con muchos cambios y transformaciones en mi vida.

Ahora ya estoy en el número nueve, que está relacionado con la ayuda, la parte humana y compasiva, el altruismo y la iluminación espiritual. Por ahora es lo que me comunica Jeliel sobre el cambio de número espiritual que he vivido. Como siempre, los seres de luz están ahí para acompañarnos y guiarnos, pero somos nosotros los que tenemos que andar el camino, experimentarlo y aprender.

El hecho de estar en el número espiritual que te corresponde no significa que te dejes fluir por la energía universal que te lleva o te guía. Hay mucha gente que no escucha, ni presta atención a lo que intentan transmitirle los que le van acompañando, pero lo que está claro es que cuando no te resistes y conectas con tu ser la evolución del Universo te va encaminando en esa dirección.

Jeliel me pide que escriba una serie de mensajes y anotaciones sencillas por si nos resuenan y queremos tenerlas en cuenta:

- Tenemos la capacidad de volar por diferentes planos, viajar, conocer nuevos mundos, sanarnos energéticamente, pero no prestamos atención a nuestra parte divina. Podemos explorar y conocer una infinidad de sitios, reinos y planos.
- Los seres de luz nos acompañan para buscar la luz y guiarnos hacia la energía universal.
- Podemos proyectar nuestra vibración en el Universo según lo que sintamos. Cada proyección tiene su color y emoción, y va directamente a la energía universal. Cuanto más alta es nuestra vibración, más le llega a Dios y más llega de vuelta su vibración a nuestra energía.
- Nuestro hogar sería conveniente que estuviera en contacto con la naturaleza.
- La Diosa puede darle la fertilidad a cualquier ser que hay en la Tierra.

- Somos hijos e hijas del Todo y tendríamos que gustarnos y sentirnos bien con nosotros mismos.
- Es importante cultivar y trabajar el desapego.
- Todo en nosotros es agua; el Universo es agua en sus tres estados, líquido, sólido y gaseoso. Estamos rodeados de agua en estado gaseoso, que se presenta como vapor y forma parte del aire que nos rodea como gas transparente. Dentro de nuestro cuerpo también tenemos agua y, cuando flotamos en el mar, la energía de nuestra agua se atrae con la del mar; se buscan y quieren estar juntas.
- El aire o el oxígeno va dando vida a la materia; algunas veces consigue animar, mover y dar energía a las cosas, y otras solo retiene y se mantiene en la Tierra.
- Nuestro cuerpo o materia consigue demasiada atención de nosotros. A estos seres les parece curioso cómo nos comportamos a través suyo.
- Toda la tecnología que se ha creado en la Tierra es gracias a la ayuda cósmica que hemos tenido.

Me encanta la sencillez que tiene Jeliel transmitiendo su sabiduría. Todo en él es humildad, paz, generosidad y amor. Me guió a hacer un trabajo con mis vidas pasadas para equilibrar poco a poco cualquier energía vibracional descompensada.

El compromiso que adquirí conmigo misma fue el de pedir perdón y dar gracias a todos mis ancestros, humanos y cósmicos, para construir una familia grande y unida en una gran red de amor.

Estos trabajos no son inmediatos y pueden necesitar mucho tiempo terrenal para que puedan asentarse y completarse, pero el sentimiento de paz que te invade al manifestar dicha oración en tu interior es indescriptible.

Aparte de los ángeles de la guarda, también nos acompañan guías que nos van avisando y enseñando día a día en nuestro camino. Últimamente tengo tres, de los cuales dos vivieron en nuestro planeta Tierra como indias nativas y chamanas. Una de ellas, con rasgos de india-árabe y tez morena, guapa y joven, coincidió conmigo en una vida pasada como familiar; la otra era una señora, también de apariencia india, mirada magnética y larga cabellera blanca. En cambio, el tercer ser de luz no tiene aspecto terrestre; es un hombre andrógino gordito con barba blanca y tamaño muy pequeño, parecido a los gnomos, que se hace llamar Iyini.

A lo largo de nuestro recorrido nos van acompañando diferentes seres de luz, y tenemos mucha suerte de poder aprender de sus experiencias y su gran sabiduría. Tanto Jeliel como mis guías quieren que aprenda sobre los discos solares que hay en la Tierra, que son como unas herramientas que llevan la información creada sobre cómo están los chakras de la Tierra.

El primer disco solar fue creado por los *lemurianos* en Perú, que es donde se ha sustentado toda la energía para guardar y proteger toda la información *akhásica* de la Tierra. Más adelante se han ido archivando diferentes informaciones de la Tierra cada una en el disco solar del chakra en el que se encuentran.

Los chakras suelen estar relacionados con los órganos de nuestro cuerpo físico y en la Tierra se materializan en una zona geográfica determinada. Muchos de los chakras de nuestro planeta están dañados. La Tierra es como nuestro cuerpo y nuestra alma. Esta última está compuesta de la energía que hay en nuestro planeta, mineral, vegetal, animal e intraterrena.

Los chakras de la Tierra son como los chakras del cuerpo. Cuando la vibración de tu alma está más elevada, puedes sentir la energía de los discos solares si vas allí donde se encuentran y así recibes su información. El chakra con la energía vibracional más potente de la Tierra está en Perú, y concretamente en el lago Titicaca, situado entre Bolivia y Perú.

29. LA ACTIVACIÓN

El año 2020 ha venido con muchas conexiones y señales de otros planos. Ha sido un año en el que se ha notado la entrada de nuestro planeta en una nueva constelación. Por fin la Tierra ha hecho la transición que necesitaba para prepararse para el cambio. En el 2012 la Tierra se preparaba para cambiar de era, pero el sol ya lleva tiempo en esta transición. Pero en el 2020 estaba a punto de hacer el último anclaje para esa gran entrada...

Era la madrugada del 21 de diciembre del 2020 cuando escuché unas frases resonar en todo mi ser. Era todo muy nítido y claro para que pudiera entenderlo a la perfección: «Activarán a las seis y dos, y a las siete y dos».

Enseguida me levanté y lo apunté para que no se me olvidara. Sentía que a las seis horas de la mañana y dos minutos y a las siete horas de la mañana y dos minutos se activaría algo. Pero ¿qué es lo que ocurriría?

El faro de Metatrón apareció guiándome como siempre para que prestara atención a lo que me iba a llegar. En ese instante Jeliel me comunicó que en el Universo se hacen esas activaciones cada vez que hay un gran cambio en los planetas, tanto a nivel espiritual como energético, para que la estructura del Cosmos tenga equilibrio y su movimiento sea fluido.

La activación que hemos vivido ha sido muy importante para todos los seres, y sobre todo para todos los que trabajan con la luz, ya que estarán acordes con la misma frecuencia vibracional del cambio. A partir de quinta dimensión todos trabajan para la luz, sean intraterrenos o no, y todos ellos han activado este cambio para todos nosotros.

El cambio ya ha llegado. La nueva era de Acuario está en todo su apogeo y ese día no era casual que una gran conjunción de Júpiter con Saturno coincidiera con el solsticio de diciembre. La carga simbólica que representa el solsticio o «sol quieto» (una aparente detención del sol durante tres días que llevan al día de Navidad) frena la aceleración de la conciencia cotidiana para así poder observar, evaluar y redireccionar nuestro propósito. Un cambio de conciencia para la humanidad, que llega con el colapso de viejas creencias y cambios de paradigmas a nivel mundial.

La puerta hacia la era de Acuario arrancaba de cero en valoraciones y acciones para la humanidad. El aire se volverá algo fundamental para nuestra raza humana. Habrá que confiar más en lo etéreo y lo libre, tanto en los lazos como en la circulación de bienes, ideas y las redes.

La conjunción de los dos planetas en el 2020 fue más brillante e importante porque, según los expertos, estuvieron más cerca entre sí que en casi ocho siglos. Cada veinte años aproximadamente se alinean Júpiter y Saturno, pero el que lo hicieran con tal precisión no ocurría desde 1226.

En el 2020 nos hemos dado cuenta de que todo es posible y volátil, y que nada está asegurado porque la vida que conocemos puede cambiar enseguida. Curiosamente en

1345, cuando la peste negra, una enfermedad que llegó de China, azotó Europa se llevó a cabo la alineación de estos dos planetas.

Muchos bautizaron a la conjunción de los dos planetas como la «Estrella de Belén», y no es de extrañar por la relación tan fuerte que todo tiene con el Cosmos. En el pasado se valoraba mucho a los astrónomos y si no hubiera sido por ellos la ciencia se habría quedado muy coja. Me hace ilusión que entre esos astrónomos por lo menos se haya reconocido a Hypatia de Alejandría como una de las mujeres científicas más brillantes de la Historia.

Dejando a un lado a los planetas y centrándome en la activación que ocurrió en esas dos horas, nuestra alma se ha salido del tiempo establecido en la Tierra y se está yendo con el tiempo real del Universo, que no es más que la energía que fluye con la energía universal. Una conexión más tranquila, pacífica y en total sintonía con la naturaleza, en la cual cada minuto nuestro está mejor integrado en nuestro ser.

La energía cósmica va guiándonos hacia ese nuevo camino, fluyendo con el movimiento vibracional de nuestra energía. Cada planeta, con sus razas, va generando su energía y se va iluminando según los vórtices de energía que se forman.

Los diferentes recipientes o formas que tienen y tenemos los trabajadores de luz van cambiando a nivel global y a cada raza se le va añadiendo algo en concreto. En los humanos, nuestros chakras, y en general el aura, se van inundando de una luz más brillante.

La Conciencia cósmica nos anima a todos los trabajadores de la luz a que sigamos haciendo crecer nuestro ser interior, evolucionando, iluminando y guiando al resto.

30. KOU KOU

El 2021 empezaba con unos seres de luz muy avanzados que me informaban que mi energía había subido por fin de frecuencia vibracional y Metatrón me guiaba hasta ellos. Parece que era la primera vez que se comunicaban con un humano y me querían enseñar muchas cosas...

Ellos son los *kou kou,* seres de una dimensión cósmica muy avanzada, a partir de la novena, que custodian la información de los planetas con oxígeno de todo el Universo. Son rubios con una trenza larga de espiga más castaña y la cara con rasgos felinos. Tienen mucha luz de color amarillo, pero la cara está dividida en diferentes luces de colores. Cada color va aparte, pero los ves en global, como si juntaras las planchas de cada color en una impresión y así se hiciera el dibujo completo. Cuando te acercas a ellos ves más clara la división de cada luz. Puedes apreciar luces de color azul, amarillo, rosa, roja, y cuando te alejas ves todos los colores juntos.

La nave en la que viven está repleta de grandes mares grises, en los que se bañan para relajarse y disfrutar con los dibujos que crean en ellos con los movimientos de su cuerpo de luz. La nave o el planeta es su hogar, con el que viajan todos juntos sin parar por todo el Universo, aunque el desplazamiento que realizan de un sitio a otro les cuesta mucho tiempo. Desde lejos la nave tiene luces verdes como si fuera un ovni.

Los *kou kou* cultivan vegetales en su planeta y los animales de su reino se alimentan de esas plantas. No tienen nada que ver con los animales de la Tierra; además son astrales. He visualizado alguno, entre los cuales me han llamado la atención una especie de gusanos luminosos a los que se les cae la cabeza para formar otros.

La conexión que tiene nuestra Tierra con el Cosmos o la materia que hay en él o en el Universo es la misma. Esa energía universal o Dios va guiando a los *kou kou* para que vayan cumpliendo el Plan divino con diferentes misiones.

Observan detenidamente los planetas para ver cómo van respondiendo la tierra, la naturaleza o el mar ante las construcciones, puentes o lo que se le haya añadido a cada uno. Cuando quieren ver la belleza de cada planeta se adentran en él, en su energía, y así lo visualizan con más detalle. Mediante las vibraciones energéticas agujerean la tierra sin tocarla físicamente para analizar los minerales.

Los *kou kou* navegan por todo el Universo explorando diferentes planetas con oxígeno y compilan toda la información sobre ellos en un cuarzo de aire planetario llamado *Iasbil*. Ellos custodian y protegen ese frasco de cuarzo hexagonal alargado que parece que tiene agua pero que no la tiene.

En cada visita registran los cuarzos que se van creando en los diferentes planetas. Apuntan el color, la edad, y sobre todo si pueden crear oxígeno. Una vez que descubren los cuarzos que producen oxígeno, observan y analizan la vida y energía que se crea y cómo se expande. Es impresionante todo lo que crea ese cuarzo, ya que nunca llega a un fin; es infinito. En esos apuntes aparecen los sentimientos como parte de esa expansión, y el magnetismo de los planetas como elemento transmisor para cada ser vivo que nace de él.

La vida que surge en los planetas con oxígeno puede crear tanto el sustento para la existencia como su propia destrucción. Esto ocurre cuando la energía de dichos cuarzos se mezcla con ellos formando el oxígeno. Una vez que esos cuarzos tienen el oxígeno los *kou kou* lo registran en *Iasbil.*

Algunas veces puede ocurrir que el cuarzo no llegue a liberar el oxígeno necesario para crear la atmósfera, pero cuando lo hace, la vida que se forma se impregna a nivel energético en los vegetales, minerales, animales y personas, dejando su huella. El baño de oxígeno que hay repartido en todas partes extrae una pequeña parte de su energía y a su vez crea en ese hueco nueva energía.

Físicamente el oxígeno también está en los minerales, vegetales y animales como agua, energía que se va mezclando con la propia materia. De esta fusión se van desarrollando nuevas vidas. El agua puede romper la materia y de ella crear nuevas materias y energías. El oxígeno reina en la vida de un planeta; sin él no hay vida. Todos los minerales, vegetales, animales y las propias personas tienen el mismo origen.

Los planetas con oxígeno se van auto reproduciendo y los árboles que crecen son los que más oxígeno van produciendo y almacenando para después suministrarlo al resto. Los árboles se pueden autosanar con el mismo oxígeno.

Una de las misiones de los *kou kou,* aparte de registrar todo lo concerniente a los planetas con oxígeno, es ayudar y apoyar a los planetas que no consiguen generar oxígeno fuera de los minerales. Cuando sucede esto buscan ayuda para que vayan preparando energéticamente el sitio y se pueda crear una nueva energía. Se necesita mucho tiempo para conseguir un mineral de esas características y hay que esperar muchísimo, sobre todo cuando los minerales del planeta todavía no están preparados.

Los *kou kou* son grandes expertos en buscar y explorar el Universo; pueden encontrar todo lo que se proponen y a lo largo de la vida que empezó a nacer en el Cosmos con la Diosa han adquirido muchísima experiencia en todo lo relacionado con el oxígeno.

31. LA ENERGÍA QUE SE RESPIRA

La sabiduría de los *kou kou* está repleta de tanta sencillez y amor que es difícil no quedarse prendado con su reino. Tu alma te pide abrirte a sus delicadas y sublimes experiencias para poder captar todo lo que puedas. De ahí viene esta gran pasión que me ha nacido por una de nuestras energías más preciadas que nos permite respirar y vivir en la Tierra.

El oxígeno va en la misma dirección que la energía universal y los planetas que consiguen tenerlo suelen crear formas de vidas que siguen el mismo camino. Las energías que surgen a través de la vida-oxígeno hacen vibrar y evolucionar a toda la Tierra.

La energía que surge de la materia del Universo fluye con la energía cósmica y sigue avanzando y evolucionando al ritmo que le marca Dios o la energía cósmica. Los animales desde su creación están en contacto con esa Conciencia cósmica y van siguiendo el movimiento de esa energía para seguir creciendo.

Los *kou kou* esperan que la Diosa vibre y mueva el planeta para poder explorar y observar en qué fase están sus minerales, si pueden tener o no oxígeno y si se les va creando una especie de agua, que es lo que da la pista para confirmar que está surgiendo el oxígeno.

Es curioso cómo la vida creada con el oxígeno desarrolla sus propios mecanismos para protegerse, avanzar y crecer. La energía del oxígeno tiene un movimiento vibracional tan potente que le hace fusionarse con todos los seres vivos, minerales, vegetales o animales. También hace fluir con más energía el agua.

El oxígeno se gesta durante muchísimos años de una manera muy sutil, delicada, fina, con mucha sensibilidad y creatividad de la fusión con la vibración energética universal, los minerales y el agua. Una vez que se origina el oxígeno, la creatividad sigue manifestándose con las diferentes formas de vida que van apareciendo y la energía universal les va guiando para que fluyan en continuo movimiento.

La energía de los minerales hace hueco al agua-energía para que pueda ayudarle a fusionarse y así crear la vida. Nace la vegetación con sus hierbas, flores y árboles, que están llenos de oxígeno. La materia que se origina a través del oxígeno se crea y se destruye. La vida empieza y acaba de la misma manera a cómo surge, ya que la materia se va deteriorando.

Primero va el agua, los minerales, después el oxígeno, y así sucesivamente hasta llegar a la vegetación y los animales. Una vez establecida la vida en el planeta, con la ayuda cósmica se da el salto evolutivo y nacen las personas con sus nuevas energías de la naturaleza que se mezclan con las del Cosmos.

El alma del planeta, como es el caso de la Tierra, se adapta a todo lo que vaya surgiendo y aconteciendo en él. Cada energía fluye conforme al plan establecido por la Conciencia cósmica. Por ejemplo, la energía de los árboles quiere ir al cielo, al Cosmos, como los elefantes con sus trompas. En cambio, los gusanos o los espárragos tienen una energía de la naturaleza que les pide ir bajo tierra. Toda la energía de la naturaleza, sea vegetal, mineral o animal, está muy conectada con la energía universal.

La primera vez que surge la vida, al principio es un punto, luego una célula y después se forma. Para ello se mezclan dos tipos de semillas o células que crearán variaciones como figuras de geometría sagrada, como la *vesica piscis* o símbolo de piscis, que traducido del latín significa «vejiga de pez».

Este símbolo es el portal del nacimiento para describir su propósito y energía como base de la creación en el Universo, dos círculos entrelazados del mismo radio que se superponen uno dentro del otro dando lugar a una figura geométrica, el óvalo o la vida.

Una vez que el planeta tiene oxígeno, el agua y los minerales van por todas partes del mismo. El oxígeno, aparte de crear la vida, pone a trabajar la materia de la que está constituida la vida, es decir, la hoja en el vegetal o el cuerpo en el animal. También con el oxígeno llegan la muerte y la destrucción de la materia que se ha originado.

A los *kou kou* les sorprende que los habitantes o las personas de esos planetas solo trabajen la tierra y no lo que los ha originado físicamente que es el oxígeno. Este a su vez tiene la capacidad de generar vida y hacerla evolucionar, incluso involucionar. Dependiendo de cómo se trabaje con él o con su materia puede tender a diferentes cosas.

Las personas van evolucionando y aprendiendo del planeta y van trabajando para él, pero a su vez también lo destruyen. La propia materia que surge como vida o ser vivo, el mismo elemento o cuerpo destruye los árboles, a pesar de que son ellos los que más cuidan y protegen aquello que les dio origen, es decir, el oxígeno. Incongruencias de la vida.

32. CUSTODIAR IASBIL

Los *kou kou* van enseñándome y mostrándome todos sus registros, que almacenan delicadamente en *Iasbil*. En él se ve cómo se origina y se crean el cuerpo, la materia y todo nuestro hogar. Asimismo, puedes sentir la magia de la energía universal y cómo se funde con la energía de la materia y la naturaleza como hijos de Dios, para seguir la evolución del Padre y la Madre cósmica.

Ver a los *kou kou* es observar a unos seres mágicos de fuertes y elevadas dimensiones que pueden andar por el mar como si estuvieran bailando con la música y se movieran de una manera muy ágil y sutil. Muchos de los secretos de la Tierra que se han inscrito o dibujado en diferentes piedras, maderas, fósiles, o incluso en algunas escrituras, son códigos que ellos conocen a la perfección debido a que vienen del Cosmos. Me recomiendan que vaya despacio aprendiendo y entendiendo bien todo lo que me van transmitiendo, para que cuando esté más preparada pueda abrirme a esa sabiduría.

Los *kou kou* nos hacen sentir a todos los conectados del Universo seres especiales y parte de esa magia. Te hacen darte cuenta y ser consciente de lo laboriosas y sagradas que son las enseñanzas antiguas del Universo sobre la vida en sus planetas y el origen energético o material que comparten contigo. La telepatía, a través de la meditación o los sueños lúcidos, suele ser la clave para conectar con la información que transmiten. Ellos saben que llegar a esa información requiere una frecuencia vibracional elevada y aconsejan cultivarla e incrementarla todo lo posible. Igualmente, los *kou kou* acostumbran a poner puertas y entradas con todo tipo de códigos de luz y señales para seguir su luz amarilla.

Iasbil es un código de información que siguen mimando, cuidando y protegiendo a lo largo de muchísimos años con todo lo que van registrando sobre los planetas que tienen oxígeno y la vida que va surgiendo de ellos. Ahora que la Tierra está preparada para recibir la información, me piden que custodie bien todo lo que me transmiten para poder enseñar y compartir conocimiento con la confianza que ellos depositan en mí.

Naturalmente, los *kou kou* son conscientes de que los contactados no estamos acostumbrados a ver la información que tienen de los planetas y por eso están en todo momento pendientes de guiarte y mostrártela por partes para que se entienda bien y la vayas asimilando poco a poco. Te hacen sentir parte de esa divinidad y de la energía universal, enseñándote el origen y los secretos de los planetas como si fueran unos grandes magos y sabios. Ellos te llevan a la maestría para que puedas protegerlo con cuidado y su seguridad y valor se mantenga.

Todavía no paro de darle vueltas a la ironía que tiene el poder custodiar este cuarzo creado por los *kou kou*, cuando miro a mi alrededor y veo que las personas que más quiero tienen o pueden tener alguna insuficiencia pulmonar o respiratoria. Nada es casual y para mí es un gran honor poder cuidar y proteger esta información con todo el amor que corresponde.

En nuestro planeta Tierra hay un lugar donde se originó el primer cuarzo de oxígeno que se liberó y empezó a crear vida. Un lugar sagrado para el oxígeno al que me han pedido que me refiera como *Iasbil.* Este sitio tiene que estar bien protegido para que siga manteniendo la energía limpia y la esencia intacta.

El anterior planeta que estaba preparado para recibir el código de información de *Iasbil* pude verlo tal y como me lo mostraron, y fue sorprendente descubrir que a nivel tecnológico estaban muy avanzados, pero que a nivel humano seguían combatiendo los unos con los otros. Formaban grandes ejércitos en unas enormes gradas y tenían melenas largas y escudos protectores robóticos.

Al ver todo eso entendí que una cosa era que el planeta estuviera preparado con ayuda de los minerales, vegetales, animales e intraterrenos, y otras que las personas en general teníamos todavía mucho camino por recorrer. En relación con esto me van a enseñar a prestar más atención a la oscuridad de nuestro planeta, al ser interior o a su alma. Ellos están fortaleciendo mi conexión con la naturaleza, sacando al indio sabio que llevo dentro.

El camino que me han abierto los *kou kou* está lleno de grandes enseñanzas por las que voy avanzando para que todos podamos seguir la energía universal que nos guía para seguir evolucionando.

33. METATRÓN

A la hora de cerrar el libro no puedo estar más contenta con el número de capítulo que «causalmente» me ha tocado... el número treinta y tres. Estoy viviendo tantas cosas con respecto a este número que cuando esté preparada te podré contar todo lo que me está llegando de él. Es un gran número maestro que protege y cuida las energías, igual que quieren que lo haga con este libro.

Metatrón sigue guiándome y mostrándome el camino hacia la luz y la sabiduría cósmica. Sin su conocimiento y experiencia sería más difícil buscar la luz y la paz que está en nuestro ser. El arcángel Metatrón es el ser de luz que más fuerza vibracional y sabiduría tiene desde el punto de vista del alma humana. Con él supe que el año 2020 iba a ser el año del cambio y que a nivel espiritual íbamos a empezar a aprender y evolucionar, aunque nunca llegué a imaginar todo lo que se nos venía encima. Siempre he sabido que el Universo es muy grande, mejor dicho, inmenso, pero mi imaginación se quedaba corta.

Cada uno de los seres de luz que han ido entrando en mi vida me han hecho abrir más la mente y el alma para conocer un poco más del Cosmos. Con ellos he ido explorando parte de las grandes enseñanzas que se esconden en el Universo. Algunos secretos son fáciles de entender, otros son bastante lógicos una vez que los descubres, pero algunos reconozco que cambian toda perspectiva que tuviera sobre el Universo. No intento convencer a nadie; simplemente he querido transmitir todos esos regalos que me han brindado para ofrecértelos. Creo que la generosidad es una parte importante de nuestra alma y hay que compartir con el resto de la humanidad. Al final todos venimos del mismo sitio, algunas personas con mayor grado de evolución o menos, pero todos en definitiva del mismo lugar. Todos somos parte de esa energía universal o Dios y esa misma Conciencia cósmica también forma parte de nosotros.

Siento que mi misión es seguir explorando este gran Universo de la mano de Metatrón para poder transmitirte y aportarte todo lo que esté en mi mano. El camino a recorrer tendrá sus obstáculos y algunas veces me costará entender todo lo que me quieren comunicar, pero estoy segura de que si fluyo con la energía universal, tal y como me está guiando, podré ofrecerte todo lo que me transfieran.

Ahora mismo sigo poniendo toda mi atención en nuestro origen, ser, esencia o llama, que está mágicamente conectado con nuestro Cosmos. Esa gran Diosa que nos orienta, guía, cuida, ama y enseña dándonos la libertad absoluta para errar y aprender de cada experiencia, a pasar diferentes niveles de juego o de pantalla para que poco a poco, lleguemos a ser cada vez más parte e igual a nuestra Madre/Padre o Dios/Diosa y volvamos a casa.

Me ilusiona ser cada vez más consciente de la sabiduría sagrada y divina que tiene Metatrón y lo cerca que se encuentra de nuestra Diosa para poder guiarte y transmitirte sus pasos. Solo me queda darle las gracias y ofrecerle todo mi amor para poder seguir su camino y así estar cerca de ti mostrándote su luz, sabiduría y paz.

KOLIMA
BOOKS

www.ingramcontent.com/pod-product-compliance
Lightning Source LLC
LaVergne TN
LVHW010432230826
846092LV00009BA/1131